人間複雜，妳要清醒

女子人際情感心理學

監修 **石原加受子**

瑞昇文化

監修本書

　　對於所有發生的事情、或者眼前的事件現象，都會因為「觀看方法的不同」而相異。

　　本書當中整理的各種解說，說到底也只是當中一種看法，並不代表一切。心理學也是一樣的情況，看待事物的方式五花八門，而形形色色的人，都會站在各式各樣的立場、採取不同的看法及觀點，敘述自己獨特的說明與見解。為此，如果要深究何者為真實、何者又為錯誤看法，只會讓人難以理解且更加混亂。

　　當我在監修這本書的時候，因為當中採用了大量的資料，因此也有許多與我提倡的、也就是我個人獨自見解不同的內容。話說如此，我並不打算反駁這些內容。

　　更正確的說法是，就算是「單一的事件」，也關乎要從哪個角度去看待、用

什麼樣的尺規來解釋並且下判斷。因此，即使是相同的東西，也會看起來有完全不同的樣貌呢，這才是我最誠摯的感想。在這方面說來，這次監修本書反而讓我更加深刻的感受到，世界上並沒有絕對相同的東西。

拿起本書的各位，我想應該是對於母女、姊妹、朋友或者在職場等處，對於女性之間的人際關係感到十分煩惱的人吧。希望這本書能夠多多少少保護對於人際關係感到疲憊且煩惱的人們心靈，這樣我就很開心了。

在這個資訊量過大的現代社會當中，會有些資訊對於自己來說是不需要的、當然也有對自己有害的資訊。為了不要被那些資訊耍得團團轉、做出更正確的判斷，最重要的就是必須要以自我為中心、確實穩固自己的軸心以後，以「自己的觀點」來下判斷並且選擇。而判斷的結果，則是因人而異。

為此請以這本書作為參考，並且活用在自己的生活當中。

石原加受子

第**1**部 何謂女性的 人際關係及感情？

第 **2** 部　女性的人際關係及感情辭典

第 **3** 部　釐清女性的人際關係

本書特徵與使用方式

女性之間的人際關係，想要往來順利究竟該如何是好呢？本書整理出許多關鍵事項。自己感受到的情緒究竟是什麼？書中使用各式各樣的範例來介紹，並且解說遇到這些情況應該如何應對。

第 1 部
何謂女性的人際關係及感情？

首先從心理學來看女性之間的人際關係特徵與情緒波動、溝通方式等等，向下挖掘出各種心理狀況並加以解說。

關鍵字

此處精選出女性之間人際關係、情緒等相關條目。

第 2 部
女性的人際關係及感情辭典

挑選出235個用語並加以解說。除了使讀者能夠理解自己與對方的想法以外，也能夠在發生事情的時候，知道會有何種發展、以及如何應對的方法。跳著挑選自己有興趣的篇章看也沒有關係。

解說

記載關鍵字、案例等的傾向及對策、問題解決方法等。

第 3 部
釐清女性的人際關係

承接第2部的內容，這裡提出的是大多數人都非常煩惱的女性人際關係問題。除了母女以外、包含朋友之間、上司與部下、媽媽朋友等，讓我們具體解決身邊這些煩惱吧。

意義、類似詞、相關詞

除了關鍵字本身的意義以外，也會介紹一些非常相似的詞彙。

迷你專欄

介紹更多資訊或者小知識等的專欄。

場所、場合、使用方式

會使用這類關鍵字的場所以及場合，另外也整理出容易出現在哪類對話當中。

第 1 部

何謂女性的人際關係及感情？

母女、朋友之間、媽媽朋友、婆媳……女性之間的人際關係是五花八門。有時候會因為無法理解對方的情緒而感到非常痛苦；也可能因為複雜的對立關係導致自己的煩惱剪不斷理還亂。在本書第1部當中，我們透過心理學來解說女性關係、情緒等。以下就介紹一些關鍵提示，讓妳能夠與他人建構圓融的關係、心情愉悅的與他人溝通。

1 從心理學看何謂「女性」

◆「女人味」的價值觀

打從出生起，就一直被灌輸「這樣適合女孩子」、
「因為妳是女孩子」的價值觀長大成人。

一直被強加於身的「女人味」價值觀究竟是什麼？

現在如果前往百貨公司賣小學生書包的賣場，會發現陳列了綠色、粉紅色、紫色等五彩繽紛的商品。但是，在許久以前，不管是哪間小學，都一定是「女生背紅色書包、男生背黑色書包」。室內鞋的膠頭顏色也是，女生一定是紅色、男生一定是藍色的，根本就沒有其他選擇的餘地。

就算是角色商品、繪本、玩具等等，也都會有「○○適合女生、△△是給男生的」這種社會上一般的通用概念。舉例來說，如果賣場有恐龍圖案的嬰兒服、以及兔子圖案的嬰兒服，那麼選擇要送給女寶寶當生日禮物的，會是哪一種呢？

其實大家都沒有惡意，只是下意識的展現出自己被灌輸、強加的價值觀，重複做一些自己從小就發生的事情。在家庭中的育兒以及學校教育當中，只要做出稍微粗暴一點的舉動，就會被罵「妳明明是個女孩子」；要是扭扭捏捏的，就會被斥責「你明明是個男孩子」。也就是說，相較於個人的資質與本質，**大家都被要求、期待依照應該優先展現出原先肉體的性別「味」。**

這些所謂的「女人味」若是符合原先的個性或者才能的話，那就沒有什麼問題，但若是不合，當然就會做的十分勉強。雖然這也會有個人差異，但是必需要演出像是一個女人的壓力，正是會在各式各樣場合當中引發不討喜言行舉止的原因之一。

◆歷史中的上下關係

和現在狀況不太相同，歷史上女性曾經被男性支配，立場上只能默默遵從男性。

被支配者意識及嫉妒心

另外一點會大為影響女性心理的，就是**男女之間的上下關係**。在歷史上以及文化上，全世界大部分都是男性中心的社會，女性有很長一段時間都處在被男性支配、必須遵從男性的立場，又或者是僅能從旁輔佐。最近也出現了在大學入學考試當中，女性考生的分數一律被打折的風波。這實在是非常具備歷史性背景，由於女性長時間遭受不當對待，因此被灌輸了被支配者意識。

如果具有被支配者意識的同伴們群聚，就會有奇怪的敵對心及競爭心。類似像是「那點小事算什麼!?我可是更加辛苦的呢！」這種居然比起了誰比較慘的情況。

這並不是因為女性本來就壞心眼。而是**由於為了在男性優勢的社會當中生存下來，因此不能只有善人的一面，而在後天「打造」出來的女性樣貌。**

Column
何謂「女子力」？

2001年的時候日本出現了「女子力」這個詞。當初是指「工作能力很強、同時也具備美麗意識」，但如今已經被廣泛使用在家事能力、母性、性魅力等所有女人味及其展現（自我展現能力）方面。

最近則有一些是以甜點等為共通興趣，但和女性之間往來不同，不會有嫉妒、競爭情形的男性，被稱為「女子力男子」，也有重視他們這類男性的風潮。

第1部⋯何謂女性的人際關係及感情？

何謂女性之間的關係①～母女

◆ 從「好孩子」畢業

將母女的力量關係轉為對等的機會就是叛逆期。這是從「好孩子」畢業最後的機會。

如果幼年時期的力量關係一直扯後腿……

女孩子在出生以後，首先體會到的女性之間關係，就是母親與女兒之間，但這種關係實在非常扭曲複雜。有許多案例都是由於母女之間發生的問題並未解決，導致對女兒的戀愛或者結婚都造成障礙。

小孩子沒有大人的保護就無法生存。但如果被認為「一點都不可愛」就很可能會被拋棄，所以小孩子就算覺得不能接受大人說的話，也還是不得不遵從。**從一開始，雙方關係就是不對等的。**

要從這種力量關係解脫，人生最大的機會就是**叛逆期**。這是一種宛如脫離爸媽、或者說脫離小孩的儀式，只要好好通過這一關，就能夠擁有獨立的個別人格、以及對等的關係。但是，如果爸媽過於高壓、又或者已經不在，導致女兒錯過了叛逆期的反抗機會，那麼就會一直無法從「好孩子」畢業。

以母親來說，這樣的「好孩子」是絕對不想放她走的。因此很容易遇到什麼小事情，就要出嘴多說兩句而**「過度干涉」**或者以疾病等女兒很難拒絕的理由一天到晚呼來喚去的**「利用同情來支配」**等，使女兒無法離開自己身邊。就算表面上聽起來是「妳快點結婚啊」等像是催促女兒自立的話語，其實也隱藏著「妳是好孩子所以要乖乖聽我的話」的真心。

母親知道女兒會反抗。即使如此還是無法停止做這些事情，是因為就算吵架也**「比毫無交流來得好」**。不過，當事者並沒有發現這件事情。

P O I N T	**1** 母親與女兒的關係自出生起便不對等
	2 會產生過度干涉、支配等關係
	3 必須率直傳達自己「受傷」的心情

◆轉變為互訴心情的關係

必需要互相告知「這個樣子會傷害到我」。

永遠互相傷害的關係

　　正如上述，母女即使物理上分開、心理也仍然是緊緊相連的狀態，因此總會覺得對方應該能夠了解自己的心情。若雙方的主張互有出入的時候，就很容易覺得「為什麼妳就是不懂呢！」而非常煩躁，結果互相傷害。

　　人類只要遭受到傷害，就會想要報復。除非有一方停手，否則報復的循環會永遠持續下去。由祖母到母親、由母親到女兒、由女兒到孫女，超越世世代代繼承下去的案例實在不算少見。

　　為了不讓母女之間的爭執變得更加扭曲，必須要能夠率直的說出**「對我做這種事情，我會受傷」**，告知自己的心情。但是，我們大多數人都不知道「表達真心話的話語」。在成長過程中因為說了真心話而惹對方發怒的經驗，會成為內心的舊傷，因此在不知不覺之間，就會變得自己也不懂自己的心情（感情）了。

> ### Column
> ### 何謂過度干涉？
>
> 　　如果孩子想要鋼琴，就算去貸款也要買給他最高級的名牌高價鋼琴，這是過度保護。而說著「不要鋼琴啦，小提琴比較好唷」結果買了小提琴給孩子，這就是過度干涉。
>
> 　　過度干涉是禁止本人想做的事情、強制本人收下他自己並不想要的東西。在過度干涉情況下成長的孩子，會養成不實現自己願望的習慣、而會去實現父母親的願望，就算長大成人了也會煩惱於「我不知道自己想做什麼、不知道自己想要什麼」。

第1部⋯何謂女性的人際關係及感情？

015

何謂女性之間的關係②
～姊妹／婆媳／朋友

◆**出生順序造成的性格傾向**

長女

- ·責任感強
- ·自尊心高
- ·慎重
- ·攬事
- ·具計畫性
- ·懷抱壓力

中間的孩子

- ·情緒起伏強烈
- ·重人情
- ·朋友多
- ·和平主義
- ·重情義
- ·多少會有些叛逆的地方

姊姊和妹妹之間會有爭執的原因？

　　孩子基本上想要獨佔爸媽的關愛，因此姊妹之間搶奪爸媽關愛是理所當然的。**隨著孩子長大成人，紛爭會自然減少。**但是，若是連旁人都能清楚看見爸媽露骨的溺愛其中一方，那麼不受疼愛的那個就會非常沒有自我肯定感、即使長大成人了，也還是會有種劣等感在扯她的後腿。

　　另外，除了父母以外，和周遭的人進行比較，也很容易造成姊妹之間的鴻溝。**容貌、性格、學校成績、職業等等，姊妹被他人拿來互相比較的機會實在不少。**

　　也有一些案例是年輕的姊妹和爸媽分開而姊妹住在一起；或者年紀差較多的姊姊代替母親照顧妹妹而非常自負等，導致兩人成為母女般的關係，而有了**「過度干涉」**的狀況發生。由於互相都認為「就算我沒說，她也應該懂」，因此經常都沒將事情說出口，吵架的情況會和母女非常相似。

　　「因為我是姊姊，所以必須要照顧爸媽」、「妹妹比姊姊早結婚太奇怪了」等等，**姊（妹）就應該要、不該○○的思考方式，就是造成姊妹之間發生衝突的原因。**這類「應該理論」通常是家族代代相傳的東西、又或者是社會上一般被認為是常識的內容。如果因為這些事情和自己的價值觀不同，而勉強自己去配合的話，就很容易想著「妳也應該去做○○啊」、「為什麼老是我！」等，將憤怒的矛頭指向自己的姊妹。

小女兒

- ・社交性
- ・有服務精神
- ・自我中心
- ・想受到矚目
- ・單純明快
- ・優柔寡斷

獨生女

- ・早熟
- ・自我肯定感高
- ・較有良心
- ・完美主義者
- ・勤勞
- ・與他人的距離感獨特

身為女人的敵對意識

強加「因為我是○○，所以妳也應該要○○」這種價值觀的情況，最常見的就是婆媳之間。不管是雙薪家庭的是非、育兒方法、一舉一動任何小事，都能成為對立的材料。

婆媳問題的根本，就在於**搶奪那個既是人子也是人夫的男人**。如果他能夠好好的站在兩者之間，明確表達出自己的想法，那麼事情應該就可以解決，但是大部分男人都覺得太過麻煩而選擇不管。也很可能是因為受到「婆媳感情不好是理所當然」這種觀念的影響。

女性一般來說都比較容易注重枝微末節的事情，就算是很親密的朋友也會感到嫉妒、在內心深處想著「其實我比她優秀」等等。這種競爭心如果能夠好好利用，就能夠磨練自己的魅力以及才能，但若是用來攻擊對方，反而會破壞友情。

Column
該隱情結

兄弟姊妹之間的爭執被稱為該隱情結。這是舊約聖經當中的故事，哥哥該隱由於嫉妒受到上帝寵愛的弟弟亞伯，因此殺了亞伯，心理學家榮格由此命名此種情結。

最基本的問題就在於認為「爸媽並沒有非常疼愛我」這種低落的自我肯定感。要解放這樣的心情，就是不要對自己做出和爸媽一樣的事情。自己的存在價值，不需要和其他人比較，絕對要認可自己才行。

第1部…何謂女性的人際關係及感情？

4 為何會說 「女人的敵人是女人」？

◆女人並不是攻擊丈夫，而是攻擊外遇對象

就算外遇是丈夫不好（又或者是同罪），還是會責備外遇對象女性。

比起出軌的丈夫，對象女性更令人憎恨

　　如果是妻子出軌的話，丈夫雖然也會對於對方男性感到憤怒，但通常還是會責備妻子。但若是**丈夫出軌，妻子的憤怒卻不是針對丈夫，而是女性對象**。

　　這樣乍看之下，可能是因為非常自傲於「比起出軌對象，我自己身為女性應該更加優秀才是」，但其實反過來說，也隱藏著自己也許並沒有魅力，也就是**「沒自信」**。如果能夠想到「那種會出軌的男人才不適合我。我應該趕快拋棄他，與更好的男性再婚才對」就沒什麼問題，但為什麼會發生這種現象呢？

　　目前認為理由之一，就是因為女性長久以來都被安置在從屬的立場當中。男性雖然在政治、經濟、家庭等各種場合當中都握有主導權，但其實下意識的有發現到女性也有能力這件事情。若是有優秀的女性出現，那麼自己的權力就會被奪走，因此會（下意識的、或者刻意地）使用法律、宗教、暴力等來建構出一個讓女性認為「自己沒有力量」的環境。

　　也因此，深藏在女性心底深處的沒自信，就不會針對男性，而是會將憤怒的矛頭指向同性別的女性、責備她們。

　　以前也曾有女性藝人的丈夫出軌的時候，大家不是責備丈夫而是去責備出軌對象的女性，引發了話題。許多人在推特上面談論出軌女性的事情，並且使用言語攻擊她。

◆**男女地位平等感**

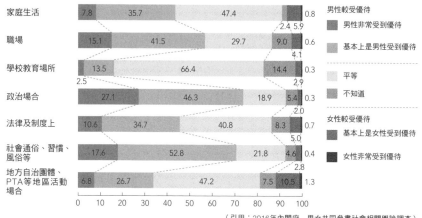

（引用：2016年內閣府 男女共同參畫社會相關輿論調查）

塑造出敵人的環境

　　人如果想要找出自己的優勢，就會產生嫉妒心，而想要將對方踢落谷底。因此，在各種場合當中，都非常容易塑造敵人。朋友關係、職場上等也都會發生一樣的事情。

　　2016年由內閣府進行的輿論調查指出，結果顯示在各式各樣場合當中，真正體會到男女平等的人，比例上還不到一半（參考上圖）。這是**無法讓每個人的能力及魅力都充分發揮的環境。**

　　這個狀態是異常的，並不是只有「我」劣於他人。這是環境的問題，其實並不需要每個人都劍拔弩張。這件事情還請大家務必要先明白才好。

Column
「女人的敵人是女人」
小故事

　　中國有三大惡女，分別是呂雉（呂后）、武則天（則天武后）、西太后。呂后是漢朝第一位皇帝劉邦的皇后，她將非常受到皇帝寵愛的戚夫人手腳都給砍斷、挖掉雙眼、用毒藥將她弄啞又弄聾，然後關在廁所裡，稱其為「人彘」，這個故事非常有名。

　　在日本，也傳說江戶幕府二代將軍德川秀忠的正室阿江，將側室產下的男孩子給燒死。無論這些故事是真是假，多多少少能看出女人執著的小故事。

第1部⋯何謂女性的人際關係及感情？

5 是否有哪種感情是只有女人才有的？

◆想互相比較的心情

奈奈，妳的包包顏色好可愛喔~

早安——

啊，她手上是新款包…她是想炫耀自己的包…

總是會開始比較自己擁有的東西、或者沒有的東西。

女性的感情雖然五花八門……

雖然說並沒有哪種感情是只有女性才會有的，但是一般都認為女性比較容易情緒化。

原因之一就在於，**這個社會本身就流動著什麼事情都要和其他人比較、分出高下的價值觀**。比較他人與自己、除了對方的言行舉止以外，就連外觀容貌、薪資收入、職涯等等，回過神來就會發現自己生活的時候是以他人或者周遭為標準過活的。如果因為考量這些事情而與他人相互競爭，那麼負面情感只會越來越嚴重。

另外，這也和血清素這種荷爾蒙的分泌量有關係。血清素被稱為「幸福荷爾蒙」，具有能夠抑制情緒躁動讓心神穩定的功效，但據說女性腦內生產的血清素分量只有大約男性的一半。更糟糕的是，如果是生理期前，能夠使血清素活化的女性荷爾蒙（雌激素）分泌量會下降，因此情緒會更加不穩定。生理痛還會伴隨頭痛等身體不適的症狀，因此就更容易煩煩躁躁又情緒化。

女性較強的同理心能力，也是容易影響情緒的原因。英國心理學家西蒙‧拜倫-科恩（Simon Baron-Cohen）指出，相對於男性腦部的建構方式是理解並且建構一個系統；女性的腦部傾向將他人的心情當成自己的心情來理解。就像是把內心代入小說或者電影中的角色，體會他們的感情，女性對於人生中發生的各式各樣事情都有著強烈的情緒。情感豐富絕對不是一件壞事，但只要走錯了一步，就很容易因為一些枝微末節的小事而感到受傷、憤怒或者悲傷、情緒接二連三的湧出，而變得無法控制。

◆**男性取得育兒休假比例之推算**

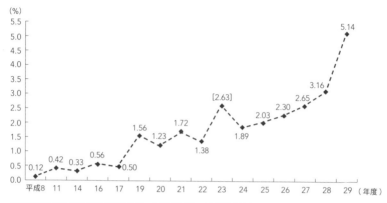

註：平成23年度（2011年）的[]內比例，是去除岩手縣、宮城縣及福島縣後的全國結果。

（引用：平成29年度（2017年）　厚生勞動省　雇用均等基本調查）

女性能夠小量釋出情緒

目前協助育兒的爸爸以及一手包辦家事的家庭主夫有增加的趨勢，但現況來說其實並沒有真的很多。目前社會普遍上依然是男性只要請了育兒休假或者照護休假，就會影響到他的仕途；而女性仍被認定應該要以家庭為優先，因此很容易就產生不滿、充滿煩躁感及焦慮等思緒。

另一方面，**女性對於事出突然時的決策、行動力及直覺非常的敏銳優秀**。因此煩惱就打電話找朋友商量、會去接受諮詢、聽聽講座、看書學習等等，**女性能夠在情緒累積到自己動彈不得之前，就做出某些處置。**

在這方面，男性非常不擅於釋出情緒，因此傾向於會一直累積不滿及壓力。

第1部⋯何謂女性的人際關係及感情？

6 讓女性之間能順利往來的必須事項

◆溝通意識調查

與其他女性溝通時，會比在與
男性溝通時來得小心翼翼嗎？

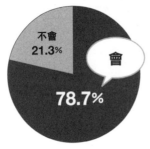

不會
21.3%

會

78.7%

在職場上或者朋友當中，有沒有那
種會覺得「希望不要與她為敵」或
者「與她為敵很可怕」的女性？

沒有
33.6%

有

66.4%

回答與其他女性溝通
會比較小心翼翼、以
及職場上或朋友中有
不願意與對方為敵的
女性大約占了7成。

（出處：株式会社ウエディングパーク『ガールズスタイルLABO（GSL）』）

使用言語的溝通不足

在中小學的時候，是不是有過班上的女孩子感情好的會自動形成小圈圈，與其他小圈圈對立，只有特定的孩子被大家排除在外的情況呢？由於這些經驗會在心中造成小小的陰影，因此有許多人在長大之後仍然覺得「女性之間的往來非常麻煩」。

女性之間的人際關係非常複雜困難，主要原因是「如果做這種事情，是不是會被討厭呢？」、「那個人是為了什麼，才會那樣說呢？」這類**擅自推測、分析、判斷對方**。因為一直看著對方，於是疏於感受自己的感情及欲望，而變得總是在配合其他人。但其實自己心中一直在忍耐，因此就很容易在枝微末節之處以言語或行動顯露出責備對方的心情。而對方也會感受到這些事情，進而演變成關係更加扭曲……大約是這樣的結構。

為了要避免這樣的惡性循環，最確實又快速的方法，就是**誠實地告訴對方自己的心情**。但是，這真的非常困難。會這個樣子，也是因為女性原本就有比較高的同理心能力，因此很容易下意識地覺得「就算我不一五一十地說出來，妳也應該會懂的啊」。也因此，女性傾向於省略話語。另外也會因為**非常在意若是說出口，是否會傷害到對方；害怕對方會生氣，因此有意識地避免將話講明白**。相反地，因為過於依賴同理心能力，因此用來表達自己心情的字彙也比較少，也是導致問題變大的原因。

因此，我們非常不擅長「使用言語溝通」。畢竟很少累積這類經驗，因此會對於「這種事情可以說出口嗎」感到非常不安。

P O I N T		
	1	人際關係會變複雜是由於擅自推測、分析、判斷
	2	為了保持關係圓融，首先要表達自己的心情
	3	將自己放在主詞，表達真心話

◆「你」訊息和「我」訊息（以上司→部下的情況為例）

「你」訊息	「我」訊息
1 又犯了一樣的錯？ 2 要講幾次才聽得懂？ 3 這樣造成其他人的困擾，還不明白嗎？ 4 接下來是打算怎麼辦？	1 這和上一次的錯誤一樣呢 2 我也不希望一直說一樣的事情，慎重點做吧 3 其他人因為○○○○而非常困擾 4 要不要養成習慣，每次工作結束的時候，都稍微檢查一下？這樣錯誤應該會減少，就幫了我大忙

（引用：PHP人才開發web網站內容修改而成）

練習表達真心話

女性通常希望戀人能告訴自己「我愛妳」，這是因為女性有著「可以接受用話語來表達的事情」這個特徵。就算是在**女性之間，這個「用話語表達」還是非常重要的**。

不需要因為窺看對方的臉色，就覺得應該把想說的話吞到肚子裡。其實把「我是這樣想的」、「我覺得這樣」這些真心話都說出來，還比較好。重點在於**主詞是自己 (I)**。「妳真是～呢」、「都是因為妳」、「妳這樣做會比較好」等以對方（YOU）為主詞說出來的話並不是真心話，而是攻擊。

另外，如果有人攻擊自己的話，則可以先準備一些制止的話語，如「請等等」、「總之請妳先聽我說」。如果不知道該怎麼說，那麼就直接說「我不知道該怎麼說才好」也可以。一開始會非常需要勇氣，但慢慢就會習慣的。之後就會比想像中的還要輕鬆喔。

Column
何為同理心能力者

對於他人的思考或感情感受力特別強的人，就稱為「同理心能力者」，這是蘿絲·羅斯里（Rose Rosete）提出的概念。擅長照顧不會說話的嬰兒或者動物、甚至可能感受到身邊人肉體的疼痛感，走在人群當中特別容易感到疲憊等等，具有這些特徵的人就非常有可能是同理心能力者。

以日本人來說，很可能對於「負面情感」的同理心能力特別強。

第1部…何謂女性的人際關係及感情？

7 真正的「女人味」是什麼？

◆什麼叫女人味、男人味……

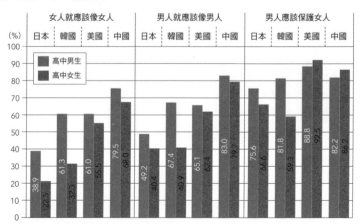

	女人就應該像女人				男人就應該像男人				男人應該保護女人			
(%)	日本	韓國	美國	中國	日本	韓國	美國	中國	日本	韓國	美國	中國
高中男生 高中女生	38.9 22.5	61.3 32.3	61.0 55.5	79.5 68.0	49.2 40.4	67.4 40.9	65.1 62.4	83.0 79.7	75.6 66.6	81.8 59.3	88.8 92.5	82.2 86.2

註：此為「非常認定」以及「有這種感覺」的比例統計。2003年9～10月在各國調查約11～16間學校。各國大約有1000～1300票的樣本。
（引用：日本青少年研究所「高中生的生活與意識相關調查」）

日本高中生和其他國家相比，「女人味」和「男人味」的意識較低。

為了被男性選擇而立志要有「女人味」

　　大受歡迎的音樂劇「艾薇塔」的主角伊娃‧裴隆是一位由女演員成為第一夫人的女性。而她的轉捩點就在於成為在政界有著強大地位的軍人胡安‧裴隆的情人。

　　至今為止，從全世界的觀點來看，女性的社會地位幾乎都是「被什麼樣的男性選擇」來決定的。伊娃雖然是1900年代前半的人，但這個觀念到現在依然根深蒂固。一般來說，會參加相親宴會等的女性，思考的通常不是自主性的**選擇**，而是如何能夠**被選上**。這是因為相較於自己的價值觀，有許多人會認為**男人喜歡的女人就是一般所謂的有「女人味」**。也有女性拼了命的讓自己去配合這些外觀要美麗、料理要做得很好等，這些社會一般認定的所謂「女人味」的標準。相反地，也有很多女性把所謂女人味當成耳邊風毫不在意。

　　如果有人和自己比較之下，似乎比較受寵、又或者大家都忍耐著在做的事情對方卻毫不在意，對於這種人，女性心中會湧上無限的懊悔與憤怒。這並不僅限於戀愛及結婚，不管在人生的哪個範疇當中，都會有一樣的心理作用。

◆女性與男性的生理學差異

	身體結構	生理學	神經系統	心血管系統、呼吸器官
女＞男	成熟體脂肪率	――	――	――
女＝男	――	體溫調節 身體表現 （青春期前）	各種肌肉纖維 比例	――
女＜男	體重 肌肉量 身高	有氧能力 無氧能力 速度 展現力道	肌肉纖維大小 肌力／力量	單次心搏輸出量 肺容量 血色素量 血比容※ 血液量

※血比容……血液中紅血球所佔的體積比例　　　　　　　　　　　　　　（引用：日本運動振興中心）

女人味的尺度會有所變化

　　從前女性的模範是「在家從父、出嫁從夫、夫死從子」。甚至在幾十年前都還普遍認為「女性不需要有學歷」。我想大家應該就能看出「女性就應該這樣」的社會價值觀，是有多麼不可靠、又多麼偏頗吧。

　　現實當中，**並沒有所謂女人味的絕對值**。要如何活用自己的女性性質，自己有決定的權利。不管是外在的或者內在方面，只要認可自己的女人味、加以磨練之後有效使用就可以了。

　　諂媚男人的女人是被同性討厭的女性No.1。雖然男性並不會討厭這樣的女性，但如果自己不喜歡、那麼就不用做。然而，女性在體力上比男性來得弱，這點也是事實。如果能夠依靠的話，那也應該要好好依靠。**最重要的是不可以勉強自己**。請好好珍惜自己。

Column
何謂女人味

以『請君勿亡』等詩句聞名的歌人／詩人與謝野晶子，在1921年（大正10年）的時候於婦女雜誌上發表了一篇名為「何謂『女人味』」的評論。

當時的人將愛情深厚優雅且較內斂的女性定義為「有女人味」，並且大肆批評「沒有女人味」的女性；而與謝野則提出反駁，認為「不應該只指望女性做到愛、優雅、拘謹，而應該尋求男女共通、不可欠缺的人性」。

第1部：…何謂女性的人際關係及感情？

8　從男人之間的關係看懂女人之間的關係

◆階級制度的形成

男性為了狩獵，會尊重首領的指示、結成組織行動。

男性顯著的階級意識

原始時代的男性，為了養活自己及家人，必須要前去狩獵。為了要抓到獵物，必須遵守首領（老大）的指示、依照作戰方式圍捕獵物。如果沒有先組成一個組織來團體行動，而是個人擅自前往的話很容易就丟了性命。

由於過去有這樣的經驗，因此男性之間的人際關係，有兩個和女性非常不同的巨大特徵。

第一個，就是**上下關係非常清楚**。就像是群聚的野生動物，在人類的世界當中也是一樣，具有絕對位置的老大在最上層、然後是第二高的階級、然後是第三高……，會形成一個三角形的階級組織。上層（前輩、上司）下指令、而下層（晚輩、部下）則遵循命令，只要遵守這樣的規則，事情就會非常順利，這樣的世界在男性之間十分常見。

在漫畫「哆啦A夢」當中，技安是老大、小夫是第二層、而大雄則處在最下層。而當中小夫雖然非常順從技安，卻對大雄作威作福。像小夫這樣的行為，是非常典型的**「對上則弱、對下則強」**這種，男性之間往來非常典型的方式之一。

另一方面，有向上心及野心的男性，通常會覺得與其停留在下層混水摸魚，不如一口氣奔上頂點。像是一直忠誠侍奉織田信長，卻在信長死去的同時就取而代之的豐臣秀吉，就是一個很好的例子。

◆野狼社會的序列

野狼是以一對公母野狼為中心，平均8～15頭左右形成一個群體一起生活。群體當中有一定的階級，通常繁殖組是最高等的。首領之下的關係也依循此規則。

單純而羈絆深厚

第二個特徵，就是**夥伴之間的關係非常緊密**。與朋友的往來活動優先於約會、吵架吵到互毆也能在第二天和好⋯⋯有時候還會有這種女性看來簡直不能理解的行動，但這就是所謂男人之間的羈絆。

十多年的朋友卻幾乎不知道對方的隱私、雖然在一起卻只是默默的打電動等，會有這些表面上看起來十分爽快的行為，是由於他們覺得「那些小事情無所謂」。或者是，因為他們非常單純所以不感興趣、又或者只是沒特別去注意的可能性也很大（→P12）。

以上是比較一般性的理論，當然也會有個人差異。另外，男性之間和女性之間相比，沒有辦法明確地說是哪種比較好或者比較不好。

但是，如果妳覺得女性之間的人際關係往來方式令妳感到疲倦、受傷的話，要不要試試看男性的做法呢？

Column
男人與男人間的嫉妒

男性之間會成為嫉妒的對象包含「收入較多」、「工作能力強」、「較早出人頭地」這類與工作相關的事情，以及「長相帥氣」、「身高較高」、「和美女交往」等與受歡迎相關的兩大類。

雖然大家都說女人的嫉妒非常可怕，但其實男性也差不多。像是也會有人因為在職場上喜歡同一位女性，就在背地裡隨意說情敵壞話等陰沉的案例。

第1部⋯⋯何謂女性的人際關係及感情？

9 何謂女人之間的最佳關係

◆「我」與「他人」的關係

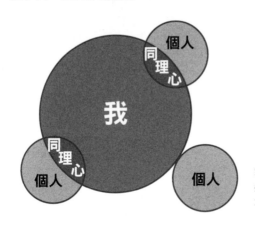

無論有多麼親密，都不可能完全重疊在一起。只有接觸「我」的部分才會有同理心。

不要咚咚踩進對方的領域

要讓女性之間的關係最為舒適的重點，就是**保持適當距離**。如果覺得「距離」這個字太過冰冷，那麼就換句話說，這其實就是**「拉一條分界線」、「保護自己的領域」**罷了。

有些人會覺得「什麼事情都能說、什麼都能共享的就是好朋友」。乍看之下這也許是個非常美好的想法，但是**把這個當成前提的話，那麼就「什麼事情都得要說」**了。因此，就很容易因為對方只不過是和其他朋友去玩，卻覺得「我被背叛了。真是無法原諒！」

但實際上，就算是感情很好，或者我們是家人，都不一定會知道對方所有事情，而且根本就沒有必要。妳無法將自己的規則強加到別人身上、操作對方的行動。那樣就不是朋友，而是老大與下屬的關係了。

無論是誰，都有自己獨自的世界。當妳在自己房間過得非常舒服的時候，有人連門都沒敲就跑進來，是不是會覺得非常不愉快？也許會有人覺得「別說是我房間了，連站在玄關我都覺得討厭」，但應該也會有人表示「不，我無所謂呢」。畫界線的範圍真的是因人而異。我們就只能互相認可對方的界線。請不要在自己去接觸對方的時候，就擅自決定「這樣應該差不多吧」；也不要在對方來接觸自己的時候，擅自期待「就算我不說，妳也能懂吧」。**正因為感情還不錯，所以更應該互相尊重自由。**

◆過度保護、拒絕、否定、支配會代代相傳

祖母　母親　　母親　女兒　　女兒　孫女

基礎的親子關係

女性的同理心能力較佳，因此對於他人與自己的界線觀感比較模糊，造成有些人不知道如何抓出適當的距離感。深究原因，會發現問題多半在於「母女關係」。

很遺憾地，有非常多母親以過度保護（對任何事情都要發言表示意見）、拒絕（不好好聽女兒說話）、否定（把女兒當笨蛋）、誘發同情（抱怨事情）等各種方法來支配女兒、侵犯女兒的領域、奪走女兒的自由。而這種母親，自己也沒能受到自己母親的平等待遇。就和前頁說的好朋友的情況一樣，這是因為她們模糊了兩人之間的界線、認為掌握對方的一切就是愛。

我是自由的、妳也是自由的，我們還是不要互相干涉吧。如果能夠率先解放自己的話，同時也能解放對方，彼此都是自由的，就能夠架構雙方對等的關係。甚至還有許多案例是在這麼做以後，感情比保持距離以前更好。

Column
什麼叫做「察言觀色」

所謂「察言觀色」，是擅自想像對方的心情、加以推測然後自行決定結果。因為不想被對方討厭、非常害怕要是傷害對方該如何是好，因此無可奈何採取此做法，真的非常疲憊。

另一方面，打從心底重視對方、因為想做而做的則是「體貼」。由於這是生根在愛這個基礎上，因此不管是做的人或者是行為對象都能感到滿足。希望大家都能夠看清楚自己做事情的動機，究竟是恐懼還是愛。

第1部⋯何謂女性的人際關係及感情？

10 什麼樣的女性擅長與其他女性往來？

1 性格非常爽快

大家一起去唱歌吧～

我不去。

2 貫徹自我

我不這麼認為

一○交定

3 經常性情緒穩定

也會有人這樣想啊……

我覺得才不是那樣！

原來如此

並非自我中心而是重視自己的人

　　雖然這聽起來可能令人感到有些意外，但是只要越努力想要做到「一定要和所有人都關係很好才行」，那麼與人往來的情況就會變得更加困難。如果拼命壓抑自己、只想著對方的心情或者想法，那麼就會被對方的一舉一動弄得手足無措、又或者捲入無聊的競爭行為、甚至形成主從關係。

　　能夠在女性之間往來輕鬆愉快的人們，她們的共通點就是，**非常重視自己的心情更勝於對方的**。不管在什麼場合當中，都以自己的欲望、希望、感情為優先，絕對不會勉強自己。如果不想參加女生的聚會，那她就不會去；不想聽別人的謠言就不會聽；如果被誰傷害了，也能夠老實地說出「妳傷到我了」。因為能夠將他人的行動視作對方的自由，因此就算自己的邀約被拒絕了，那也沒有什麼；如果對方說些惹自己討厭、或是諷刺的話，也都能當作耳邊風。

　　對於重視自己的人來說，**別人如何想自己（看自己），某種意義上來說是「無所謂」**的。不需要配合對方、為自己戴上面具，只需要對自己誠實就好，因此言行舉止表裡一致。而且他自己就能滿足自己，因此不會對於別人的言行多嘴、也不會下命令。

　　這種人從一開始就不會出現在那種會讓自己覺得不開心的場合，所以也就不需要對周遭察言觀色。給人不麻煩、又有落落大方的印象，這樣一來同性對她比較有好感、也因此她會比較好與人往來。

◆以自我為主及自我中心的不同

以自己為優先的生活方式

像這樣以自己為優先的生活方式，稱為「**以自我為主**」、「**自我主軸**」、「**愛自己**」。

這和無視他人、只是將自己的欲望渴求強加在他人身上的「自我中心」、「利己主義」不同，是自己滿足自己，因此並不需要他人做些什麼。何止如此，只要對自己越溫柔，就會對其他人越溫柔。請仔細想想，踐踏他人難道是妳的幸福嗎？應該是自己幸福為優先才對吧。

把自己比其他人看得更重要，是完全不需要有罪惡感的。

如果把焦點放在自己身上，那麼**發言的主詞就會成為「我」**(I)，和其他人的對話也會變得比較柔和順暢（→P23）。只要對話能夠順利，那麼對人關係的緊張感也會降低，身心放鬆的情況下健康狀況也會變好。只要謹記以自我為優先的生活方式，那麼整個人生都會變得非常輕鬆。

Column
何謂自我肯定感

最近經常聽到「自我肯定感」這個詞彙。似乎是有許多人由於自我肯定感低而感到非常煩惱。這是對於自我價值的感覺，因此取決於妳如何思考與感受自己。

為了要肯定自己，就必須要好好面對自己。面對自己並不是要叫妳將目光放在不好的部分，而是為了要愛自己才要好好的看。也許有很多人馬上就會出現負面思考，那麼就請將想法轉變為積極思考開始吧。

第1部⋯何謂女性的人際關係及感情？

第 **2** 部

女性的人際關係及感情辭典

性格、感情種類五花八門。並不能說哪種好、哪種不好，而是根據當下狀況及觀察方式，而可能會出現好又或者不好的結果。為了要好好明白自己以及周遭的人，就請使用人際關係的關鍵字，好好向下挖掘看一看吧。另外，同時也會針對一些無法避免的活動，解說一些應對方式。

好有趣喔～

阿哈哈哈

惹人憐愛

意　　義	惹人心生憐愛、非常可愛的樣子
類 似 詞	可愛／惹人疼愛／有魅力
使用方式	因為她非常惹人憐愛，所以令人難以討厭她

所謂惹人憐愛表示的是一個人在談話及動作等方面，給人明朗又可愛的感覺。這是那個人原先就具備的個性，通常惹人憐愛的人笑容都非常可愛、總是笑咪咪地、傻傻地讓人無法對她生氣、讓周遭氣氛緩和且明亮、誠實又落落大方等特徵都很容易自然湧現出來。也就是說，容易讓人有著「只要那個人在，現場就會變得非常開朗又充滿活力」的印象。

惹人憐愛的人通常會給人比較好的印象，因此在工作以及對人關係上都會比較順利。「女性要惹人憐愛」是受歡迎女性的必備項目。比起單純長相美麗的女性來說，惹人憐愛的女性，也就是具備「可愛之處」（→P75）的女性，通常會比較受到歡迎，不是只有男性喜歡她們、女性也會很疼愛她們。

●如果不夠惹人憐愛……

如果想著希望能更惹人憐愛……，也可以試著模仿那些惹人憐愛者的表情或者動作。試著多點笑容、開朗地向大家打招呼、感覺開心地聽別人說話等等，可以的話就盡量將這些元素加入自己的生活當中。也非常推薦可以在鏡子前做出各式各樣的表情，研究自己的魅力何在。等到不知不覺習慣這些行為以後，周遭的人對妳的評價應該也提升了。

但是，如果故意要讓自己看起來很可憐或很可愛的話，那麼就會被貼上「裝模作樣」、「諂媚之人」等討人厭女人的標籤後敬而遠之。

> 在見面的那瞬間，就能讓人覺得「惹人憐愛」的話，之後的關係也會比較順利。對於初次見面的人，請試著露出笑容。第一印象是對人關係的要點。

迷你專欄

使用「互惠原理」來抓住對方的心

「互惠原理」是指人只要接受他人做了些什麼，就會覺得應該要回報些什麼的心理狀態。互惠法則當中，有一種是如果你向對方示好，那麼對方也會向自己示好的「示好互惠」。舉例來說，如果笑著對人說「早安」，那麼對方也會想要以笑容回應。雖然這是日常生活當中的行為，但應該沒有人看到笑臉面對自己的時候會覺得討厭的吧。這是活化人際關係的技巧。

陪笑

意　　義	為了取得他人歡心而笑
類 似 詞	公關笑容／假笑
場　　合	職場／學校／朋友之間

笑 原本應該是表現心情好、很開心的正面情緒表現，但所謂陪笑卻包含了違背自己真正心情，只是配合現場氣氛、為了不損害對方心情而「裝成開心的樣子」這種負面要素。

陪笑包含了以下心理要素。

- ‧不想被對方討厭　　‧希望好好表現自己　　‧只想忍過當下
- ‧希望人際關係圓融　　‧想受到異性喜愛

所謂陪笑，是任何人都體會過的日常生活經驗，也可以說是建構人際關係時**非常重要的溝通工具**。在職場上，經常會出現需要陪笑的場合。對於上司無聊的笑話如果能用笑容來應付，氣氛也會比較緩和、工作就能順利進行。在對話當中有人尋求同感，就算覺得「這樣不對吧」也還是笑著說「說的也是呢～」就能順利撐過午餐時間。在相親宴會或者聯誼當中，男性也比較容易對於笑容美好的女性抱持好感，因此受到異性喜愛的機率也比較高。

●但是陪笑也會成為壓力來源

陪笑雖然是**人際關係的潤滑油**，但因為違背自己的真心，一直保持「快樂的樣子、有同感的樣子」的話，也會在不知不覺之間累積了許多壓力。會覺得與人往來非常疲憊的人，很可能就是疲於陪笑。有時候就別再當只會配合別人的「好人」，回歸真正的自我也是很重要的。據說會陪笑的情況，女性多於男性。請在自己的內心發出哀嚎以前，好好的面對自己的內心吧。

> 陪笑雖然能使人際關係圓融，卻也會造成壓力。有時候必須要停止自己勉強擠出笑容，回歸原先的自我。

迷你專欄

左右不會對稱——硬擠出來的表情

說謊做出來的表情左右會不對稱，實驗結果指出左半邊比較容易露出表情。也就是說，打從心底笑的表情會是左右對稱的；而假笑的話，左半邊臉的笑容會比較強烈。

●自然的笑臉
左右對稱
臉頰向上提
眼角會出現小紋路
不會只有單邊出現強烈感情

●裝出來的笑臉
左右不對稱
眼睛周圍不會動
左半邊臉會有很用力的笑容
會忽然一臉正經

眼妝

意　　義	以眼影及睫毛膏等為眼睛化的彩妝
類 似 詞	眼部彩妝
使用方式	最花時間的就是眼妝

眼妝是一種自我表現、以及自我防禦的手段。同時**也能夠滿足自己想變成與原先不一樣的人這種變身願望**。在心理方面的效果，包含比較想與人見面等，可提升自我積極性、與他人溝通較為圓融、比較有做事動力。變得較為開朗、比較喜歡自己、緩和疲勞感、抗老化等效果。由於化了眼妝，對於自己容貌的糾結感也會降低，如此一來對自己的不安也會下降，有了自信以後表情也會更加生氣蓬勃。

有個實驗是讓測試者觀看化妝前後的照片，請他們比較看到的印象，結果顯示化了妝的女性評價較高，尤其是男性認為化妝後的女性較有魅力。另外，結果也顯示出男性對於化了妝的女性展現出較為親切的態度，而對素著臉的女性則較不親切。

●以錯覺技巧打造眼部美女

為何女性都想變成大眼睛呢？那是由於比較多人受到大眼睛女性的吸引。大眼睛會讓人下意識聯想到幼小的孩童、或者貓狗等可愛的動物，進而引發本能的保護欲及愛情。如果被閃亮的眼睛盯著看，就很容易認為對方對自己有好感。**眼睛大的女性通常瞳孔也比較大**，因此會比眼睛小的人容易給人有魅力的感受。也因此會比較吸引人。

要是眼睛看起來比較大的錯覺手法，可以使用「德勃夫錯覺」與「慕勒－萊爾錯覺」。德勃夫錯覺是在相同大小的單獨圓形外側多加一個較大的圓使其成為雙層以後，那麼雙層圓圈的內部圓形會比原先單獨時看起來還要大。這是由於受到外圈圓形的影響，導致內部的圓形看起來比較大的視錯覺。慕勒－萊爾錯覺是在同一條線兩端畫上方向不同的箭號，長度看起來就會不一樣。根據這些法則，可以引導出以下幾種眼妝技巧：

· 雙眼皮及臥蠶會使眼睛看起來比較大（在單獨圓圈外側加上另一個圓的效果：德勃夫錯覺）
· 加上眼線或者眼影能使眼睛看起來比較大（眼睛周遭加上外圈圓形的效果：德勃夫錯覺）
· 以假睫毛或者睫毛膏使眼睛變大、橫向看起來變長（朝外延長的睫毛有強調效果：慕勒－萊爾錯覺）

只要利用眼妝，就能讓周遭的人覺得自己眼睛變大、看起來充滿魅力。表情會變得生氣蓬勃，變美麗之後也會更有自信，那麼周遭的人對妳的評價也會提高。

唱和

意　義	配合對方說的話，點頭或者表示同意
類 似 詞	應和／回應／一搭一唱
場　合	在聽家人或者朋友等說話的時候

所謂唱和，是在與人對話的時候，對於對方的話語點頭、或者表示「是的」、「沒有錯」、「原來如此」等話語。

　　說話的人拼了命的在說，如果聽話的人什麼都不說，那麼說話者會覺得「這個人是不是沒有在好好聽我說話？」而感到不安。但是，只要有表現出「我有好好在聽妳說話、我明白妳的心情唷」的訊號，說些「我知道」、「真的嗎」、「真不錯」等唱和語句，說話者就會覺得「噢，她有在聽我說。她明白我的心情」而感到安心，對話也會更加熱烈。**還請站在對方的立場，說一些表達認同對方心情或想法的同感語句，帶出一場開心的對話吧。**但如果是在說人壞話，那麼就別多加回應、趕緊想辦法離開吧。

> 唱和是一種重要的溝通技巧。非常懂得如何唱和的人，會給對方良好的印象、人際關係也比較好。

憧憬

意　義	強烈受到理想中的人或者事物吸引
類 似 詞	崇拜／欽羨／戀慕
使用方式	非常憧憬田園生活而搬家

所謂憧憬包含著自己也想成為那樣、或者希望能夠更加接近理想中的人的心情。憧憬的對象包含前輩、偶像、潮流教主等各式各樣的人物。另外，生活忙碌的人可能憧憬田園生活、居住在鄉間的人可能憧憬都市生活。所謂憧憬，會是一種**為了成為憧憬對象而努力的原動力。**另一方面，也很有可能會轉變為嫉妒心。嫉妒心不是想辦法提升自己，而會產生一種想將對方拉下來的心理，必須要多加小心。

　　藉由努力模仿憧憬對象，就能夠較為接近那個人。當中**甚至有人超越自己憧憬的對象。**但是，如果毫不努力、只是在言行舉止或者外觀等處下表面工夫，那麼不僅僅是白費力氣，同時也會因為實力與表面的差距感到痛苦。

> 如果能夠好好昇華憧憬的心情，這就是改變自己的契機。但是，如果處理情感的方式錯誤，反而會變得很痛苦。

姉姉

意 義	兄弟姊妹當中較為年長的女性
類 似 詞	姊／長女／大女兒
使用方式	姊姊總是非常可靠

姊在比自己年幼的孩子出生以後，就會感受到自己原先獨佔的父母關愛及目光都被奪走，也就會有所謂的「回歸嬰兒現象」。但是母親照顧嬰兒已經非常辛苦，因此要充分滿足姊姊的孤獨感是非常困難的。因此姊姊就會藏起自己的孩童感，試著幫忙爸媽或者照顧弟妹等，藉由回應母親無言的期待來獲得關愛。結果，**通常會成為老實又認真的「好孩子」**。

但是，那種維持自己原有樣子不會被愛的自我否定感、沒有被滿足的依賴心會持續藏匿在心底深處。也因此，雖然外表看起來是「很可靠的人」、「自立自強」，但意外的很不能承受打擊。

●對於母親過度干涉的叛逆心

如果姊姊是長女（就算上面還有哥哥也是一樣），那麼對於母親來說是第一次養育同性的孩子，因此心情上的距離比較貼近孩子。好的方面來看是對孩子非常用心、在育兒及教育上都很努力；但相反地也很容易過度干涉。如同前述，姊姊也經常在觀察母親的臉色，因此雙方都很容易認為對方的事情「我得要想想辦法」，因此很容易出現同性（性格、性質）相斥的情況。

也有些人會因為討厭這樣的關係，於是選擇和母親完全相反的生活方式、甚至在兩人之間拉出物理空間的距離，但大多會對於捨棄父母親心生罪惡感，結果還是想辦法壓抑自己。而內心有這種掙扎的姊姊看著妹妹什麼都不用做就備受疼愛，很可能就會嫉妒妹妹。

迷你專欄	
珍惜感謝的話語	想要架構良好的人際關係，最重要的就是珍惜「感謝的話語」。感謝的話語是非常正面的字眼，因此可以調適自己的心情、也能夠提升對方的感受。「謝謝」、「真是幫了我大忙」、「我非常感謝」、「我好開心」等等，這些感謝的話語請務必傳達給對方。人類是很容易看見負面東西的動物。但是，只要找出對方值得誇獎之處、找出可以感謝對方的事情、不斷累積這些正面的部分，就能逐漸與對方建構良好的關係。 　直接用話語傳達也是非常好的方式，不過偶爾也可以試著寫感謝信。在這個電子郵件以及SNS發達的社會當中，手寫的文字會給人非常特別的感覺。不管是生日卡還是賀年卡都行，請滿懷平常的感謝之心寄出那份訊息吧。

●姊妹之間的糾葛及其影響

妹妹是看著姊姊被斥責、失敗且費盡辛苦長大的。由於姊姊已經先把地雷踩過一遍，因此妹妹能夠避開這些地方，踩著安全路徑走過去。這在姊姊眼裡看起來就像是「很得要領」、「好狡猾」等。

而妹妹自己也會感受到「我都是拿姊姊不要的，姊姊老是可以買新衣服真狡猾」。背負著母親期望的姊姊朝著「小媽媽」目標前進也很令人不耐煩；但是照顧爸媽或者遺產繼承等麻煩的場合又要仰仗姊姊，這對於姊姊來說又是件令人不悅的事情。

這類姊妹之間的糾葛，也會投射到別人身上，而對朋友、前輩及晚輩的關係造成影響。那些明明很會照顧人、幾乎就好像親人一樣奉獻的人卻很容易被敬而遠之，就是因為**他們很有可能下意識的在當個「小媽媽」。**

●從比較對照當中解放

說到底「姊姊」究竟是什麼？

客觀來說，就只有「出生的順序在前面」這件事情是無庸置疑的事實，沒有其他附加條件了。與爸媽以及妹妹之間的上下關係，都只是後來才添加上去的，和真正的自己完全沒有關係。**請讓自己脫離「姊姊」這個框架，讓自己自由吧。**如果對於自己身為姊姊的角色感受到義務、或者被害者意識而感到痛苦，那麼就給予自己拒絕的權力吧。被家人叫「姊姊」的人，可以請他們改口叫自己的名字，應該也是個方法。在身為姊姊之前，請認可自己，這樣就能和爸媽以及妹妹，都能用同為一個人類的平等方式往來。

> 可靠又會照顧人的「姊姊」性格是後天養成的。就算看起來自立自強，其實也會對弟妹有競爭意識，又或者是苦於母親的過度干涉。

第2部⋯女性的人際關係及感情辭典

迷你專欄

何謂安慰劑效應⋯⋯

明明吃的藥劑其實並不含藥效成分，但因為覺得自己吃了藥，所以身體就變好了，大概是這種狀況。這是因為只要深信一件事情，就會改變身體狀態。這就稱為「安慰劑效應」。相同的，如果周遭的人說了些什麼，因為獲得資訊，所以就會產生心理變化，甚至對身體產生影響，也稱為「安慰劑效應」。

另一方面，如果由於想過頭而造成身體狀況變差，導致心情變得非常負面，那就稱為「反安慰劑效應」。

嘟嘴

意　義	彷彿鴨嘴一樣的嘴型
類似詞	翹唇
場　合	想展現自己魅力的時候

將 嘴巴嘟起來的樣子由於曾經被認為「好可愛！」而風靡一時。由於受歡迎的偶像嘴唇凸出翹起、嘴角略帶上揚感看起來像是鴨子嘴巴，因此在日文當中被稱為鴨嘴或鴨唇。也因此經常都能看見模仿這個樣子，而故意把嘴巴嘟起來，想展現自己可愛感的女性。

　　嘟嘴巴雖然能夠讓翹起的嘴唇看起來較有魅力、又或者作為性感表徵的工具，但如果太常使用，就很容易被同性認為是「諂媚男人」、「耍小聰明」等，進而投以冷淡的目光，就連男性也會覺得「是故意的」而轉變為負面形象。不過，如果只是緊閉雙唇揚起嘴角的表情，能夠醞釀出一種彷彿笑容滿面的開朗印象，能夠給對方較佳印象，也是個事實。

> 嘟嘴原先是自然表情當中具有魅力的一種，但若是故意嘟嘴，就要留心不能過度使用。

復活節

意　義	慶祝基督耶穌復活的日子
類似詞	Easter
場　所	路上／家庭（※春分之後第一個滿月的下一個星期天）

復 活節是基督教最大的祭典，是為了慶祝基督在死後三天復活。蛋是生命復活的象徵，會使用蛋作為相關活動的「復活節蛋」、以及象徵繁榮的「復活節兔」作為裝飾圖案。近幾年來可能是由於商家企業等設施，想將復活節作為繼萬聖節之後的新活動，因此非常努力將此活動普及化，因此到了春天，街上就會充滿各種復活節相關商品。

　　但是，這個世界上並不是只有喜歡祭典活動的人。有些人會非常盡心盡力想要辦場復活節宴會，但也有人覺得活動太多倍感壓力。因為「還要工作啊～」、「準備也很累啊～」等等。應該要大家都開心的活動，也可能成為煩惱的來源，絕不可以掉以輕心。

> 活動是要盡情享受、又或者是不參加而旁觀呢？請不要過於努力、也不要光站在一邊，就以自己的心情為優先互相配合吧。

育兒

意　義	養育孩子
類似詞	養小孩／養育
使用方式	兼顧育兒及工作非常困難

即使結了婚也與女性朋友的關係不變的人，經常會由於生產而有所轉變。舉例來說，就有些女性會因為養育孩子，導致自己的事情忙不過來、因而累積許多壓力。生下孩子以後，遷入新居、學生時代的朋友也會來玩。自己每天忙得要死要活，而如果來的是那種，連指尖都保養得彷彿纖纖玉蔥一般、閃亮亮的單身女性。應該會感受到很大的隔閡吧。**接下來就會因為關係產生距離。**

另外，女性就算養育孩子也不會受到稱讚，很可能光是待在家裡就感到壓力。

●一手包辦養兒而累倒的女性們

壓力的原因之一是「一手包辦育兒」。一手包辦育兒原先是指由女性一個人負責育兒以及家事，但這其實也是暗示了家庭本就是黑心企業的話語。

女性成為母親以後，有許多人處在丈夫遲到晚歸、娘家太遠無法依靠、身邊也沒有能夠幫忙照顧的人、或者可以商量的對象，這樣的環境當中，只有自己一個人被育兒及家事追著跑，甚至還有人另外有工作，由於疲憊與艱辛而變得非常煩躁、無法可想的人不在少數。單親一手包辦媽媽由於沒有丈夫，因此更加艱辛。這不單指有工作的女性，家庭主婦也是一樣的。

也有人表示，相較於那些有工作的女性，家庭主婦更容易在育兒時感到不安以及壓力。如果有工作，就會有育兒以外的時間、能夠稍微放鬆心情；但如果只待在家裡，沒有與其他人見面、只面對著孩子，就會覺得自己對社會沒有幫助，雖然想去工作，但孩子還沒到可以進幼兒園的年紀、也沒有人可以幫忙自己……很容易一直想著這些事情。

明明身心都超過容忍程度，但丈夫卻一點也不明白、於是那種煩躁不耐感就更加嚴重。在情緒爆發以前，最好還是和丈夫談談、找出問題在哪裡。依靠誰這種事情並不是在撒嬌、而是妳的權利。

育兒並不僅僅是一件辛苦事。能夠有新的發現、建構新的關係等等，能獲得的東西也非常多。

育兒並不是自己一個人來做就好。如果身邊沒有可以依靠的人，也可以與地方有關單位商量。藉助他人之手，讓自己稍微休息一下，壓力就會減輕。

第2部⋯女性的人際關係及感情辭典

育兒休假

意 義	為了育兒而向公司請假
類似詞	育嬰假
場 所	公司

女性要取得育兒休假，已經變得比較容易，也有許多人善用產期休假後的短時間型勤務來繼續工作。但是，女性對於在自己休育兒假的時候，造成其他人的不便、因此希望能早點找到適合的托育中心，否則無法回歸職場而感到焦急等、經常會有這些覺得自己非常抱歉的想法。另外，也必須要面對育兒後回歸職場時，原先的職涯規劃已經斷了線等現實，煩惱多得不得了。另一方面，如果職場上有人請了育兒休假，那麼她的工作就得由其他人來完成，公司其他人的負擔也會變重。

●整頓勞動環境乃為當下之務

由於回到職場之後也都是短時間勤務，因此周遭之人的工作量也不會一口氣減少。這種情況下，就會有人認為「只有她倍受優待」或者「總覺得很想故意惹人厭的說：『妳又要要先回去啦？』之類的」，很容易有所不滿。原本育兒休假或者育兒期短時間勤務就是每個人應得的權利，而且這對日本社會來說也是有必要存在的制度，但現況就是並不是所有人都能夠理解。

為了防止職場上出現糾紛，就必須要打造出一個，預計會有請了育兒休假以及選擇短時間勤務的人在職場中的勞動環境。但是，實現這點的企業想必並不多。

如果有一部分人負擔過大，不滿就很容易擴大，而成為非常帶刺的職場。必須要打造出一個能夠取得育兒休假制度的勞動環境。

迷你專欄

第三窟

如果對於人際關係的各種紛爭感到非常疲憊，那麼可以試著打造第三窟。舉例來說，第一窟是家庭、第二窟是職場，那麼就在第三個地方打造出自己的世界。

可以試著前往自己興趣相關的地方等，就能夠打造與家庭或者職場不同的人際關係，找出一個能讓自己安心的地方。打造出一個只要有事情，妳就能在那裡得到安穩的地方，這樣也能夠減輕壓力。

帥老公

意　　義	很帥氣的老公
類 似 詞	模範丈夫
使用方式	高中朋友的丈夫似乎是個帥老公呢

工作俐落、高收入、也會積極做家事及育兒、重視家人、對穿著打扮有一定程度的要求、還有當然，外表也挺帥氣的。對於妻子也非常有愛、充滿魅力的丈夫，就稱為帥老公。收入尚可、外表普通、只會偶爾倒垃圾或者刷個浴缸的，不能算是帥老公。如果不是所有方面都在平均值以上，就不可能對他人說「我老公超帥氣的」。

帥老公同時展現出妻子的地位。 走在一起令人感到驕傲、介紹給朋友也不覺得丟臉。有許多女性在面對朋友時感受到的優越感，令她們覺得「我受到別人羨慕」就是幸福。當中甚至有些妻子，有著丈夫很棒就表示我很棒的誤會。帥老公的相反詞是「遜老公」。指的是工作情況不怎麼樣、也不幫忙做家事或者育兒的老公。

帥老公的妻子的標準也頗高。在他身旁的必須是有型又美麗、家庭和育兒及工作都能照顧好的能幹女性……等等。

帥哥

意　　義	容貌優秀帥氣的男性
類 似 詞	有男人味／美男子／帥氣
使用方式	她喜歡帥哥

帥哥在日文稱為「Ikemen」，據說是由「很行（Ikeru；很帥氣）」加上「men（男性）」結合而成；又或者是「Iketeru Mens（帥氣的男性）」這種說法縮音而成。總之就是容貌姣好之男性為帥哥。

一個人給其他人的感受，幾乎會由第一印象來決定。人類非常容易受到外貌左右，第一次見面時覺得有魅力的人，之後對他的印象也會比較好。也就是說，外觀會對溝通有重大影響，因此帥哥就會看起來個性也不錯、似乎工作上也非常可靠等，給人好印象的可能性比較大。有魅力的人也比較容易受到他人信任，因此工作的成果也會比較好。一般認為能夠和內在也是帥哥的男性交往的女性，**並非單純面貌姣好者，通常也會是有某種魅力之人。**

由於許多人會覺得外觀好者較有魅力，因此也很容易理解帥哥受歡迎的道理。這和帥老公的定義不太一樣。

呀！ 繩子 有蛇耶！

壞心眼

意　　義	故意使人覺得困擾或者難過
類 似 詞	惹人嫌／欺侮／霸凌
使用方式	有人使壞心眼、排擠我

故意惹人嫌惡、使人困擾、又或者讓對方感到非常難過，這就是壞心眼；不斷故意說他人壞話、背地裡傳謠言、惹人嫌、排擠對方等，來讓自己居於優勢。壞心眼的人**通常內心有嚴重自卑感、沒有自信**。是將自己內心所懷抱的各種情結和壓力全都拋在周遭的弱者或者自己並不在意的人身上，藉此保持自己情感上的平衡。但是，也有很多人根本沒有注意到自己有嚴重的自卑感、甚至沒發現自己在使壞心眼。另外，如果一直說別人壞話，也很可能會遭到反擊。

說別人壞話、背地裡傳謠言、把別人耍著玩等等，是**為了要拉低對方的價值而做出的行為**。如果覺得對方優於自己，就會使用說壞話這種方法來攻擊，看到對方覺得厭惡的樣子就會開心，沉浸在我比她更棒的優越感當中。就算沒有什麼重大理由、只是覺得有點不順眼、又或者是有點煩躁，就會說別人的壞話、又或者排擠他人。

另外，如果看到有人做一些自己想做卻無法做的事情、又或者獲得了自己拿不到的東西，也產生嫉妒心，因此說對方的壞話來一掃自己的憂鬱、壓抑自己的嫉妒，這種情況也很多。

●權力霸凌是自卑感的反彈

霸凌他人的情況也是這樣，兩者內心情感是相同的，藉由欺侮弱者來舒緩自己無法滿足的欲望以及內心承受的壓力。舉例來說，霸凌者由於承受了來自上司或者父母親的壓力，為了要紓解這份壓力，因此就全部發洩在較年輕、或者地位較低者身上，以確認自己的優勢。職場的上司會因為在乎自己在公司當中的利益，因此使用權力霸凌部下，藉此保住自己的地位，也是一樣的情況。

這並不是只出現在成年人當中，孩童也是一樣的。**為了要保住自己在團體當中的優勢**，遭受朋友或者兄弟姊妹欺侮的話，就會為了隱藏自己的自卑感而對比自己弱的孩子做一樣的事情。孩子無視某人或者說壞話來排擠某個人，還有女孩子喜歡說秘密，其實和大人的世界是一樣的。

壞心眼包含意圖傷害他人的攻擊性行為。人類的本能當中雖然包含對於他人的攻擊性，但也具備了抑制攻擊性的性質。如果一直說別人壞話，也很容易被其他人保持距離。

依賴成癮

意　　義	依靠著他人、組織、物品等生存
類 似 詞	仰賴／沉溺／執著
場　　合	親子關係／戀愛／SNS

依賴成癮是指當事者倚靠其他人事物生存。由於過於依賴特定的事物，結果導致當事者無法控制自己，以至於在健康、生活或者人際關係等方面發生某些問題，在日文當中稱為「依存症」。

比方說線上遊戲或者酒精飲料等，如果當成興趣或者娛樂來享受的話當然沒有問題，但若是一天二十四小時腦袋裡都在想著那款遊戲、以至於日常生活都發生困難，那麼就已經是依賴成癮的症狀了。**甚至借錢也要繼續下去的強烈依賴成癮，不藉助專家的力量是很難脫離該困境的。**如果依賴狀態持續下去，很容易會加速惡化、導致生活基礎也被破壞。

●依賴成癮是為了填補內心的空白

會強烈依賴某個事物，是為了要逃避壓力、填補內心的空白。因為內心經常希望能夠滿足，因此依賴某些事物來緩和苦惱、獲得滿足這種欲望的表徵，就會引發依賴狀態。

由於女性原本就喜歡逛街，因此容易有因為壓力而發生購物依賴成癮的傾向。買東西是購買想要的東西這種日常行為，而如果拿到了想要的東西就會感到開心、愉悅，內心也會感到滿足。為了尋求這種喜悅所以又會繼續買東西來滿足內心，接下來就會越來越誇張，導致無法停下腳步。在買東西的時候，腦內會分泌快樂物質多巴胺，因此是容易獲得快感的狀態。在購買高價商品的時候，店員吹捧稱讚的行為也會為喜悅增幅，導致無法控制事情的發展。但是，會感受到內心滿足的只有購買的那一瞬間，只不過是想緊抓著購買物品這個行為獲得的快感。但其實內心並沒有感到滿足。也會在購買之後覺得後悔、反省著自己不能夠這個樣子。

依賴成癮並不只針對物品，其他人也會成為依賴對象。母親會依賴孩子、有人會依賴男朋友、或者依賴朋友等等各種情況。**互相依賴來確認自我的關係被稱為互累症（又稱共依存症），**就算覺得不好，也彼此都無法放手，反而陷入泥沼般的關係。這與互相協助幫忙的信賴關係，其實並沒有多大的差距。

每個人都曾經沉迷於某項事物不可自拔。但是如果發現自己已經依賴成癮，那麼與其想辦法不再做那件事情，還不如找到能夠滿足自己的要點，接受正確的心理治療。

夾心餅乾

意　　義	在對立的兩者之間無法決定站在哪一邊而非常煩惱
類 似 詞	選擇困境
場　　合	朋友關係／職場／姊妹／婆媳

交付不可能任務的上司、與不遵從指令的部下。自我中心隨口放話的朋友、責備那位朋友並說起他壞話的朋友們。像這樣被夾在兩方之間團團轉、立場非常為難的情況就稱為夾心餅乾。

夾心餅乾最糟糕的就是，相較於當事者雙方，被夾在中間的那個人壓力比較大。當事者非常隨性地說出自己想說的意見或者別人的壞話，並不會考量聽者的心情。不管是聽哪一邊說，這都表示已經有其中一邊非常不開心，因此夾在中間的話絕對會對於該如何是好感到萬分為難。

容易變成夾心餅乾的，大多是那種對任何人都溫柔以待、無法說出自己意見的人。反過來說，這是由於他想受到所有人喜愛、不想被討厭的心理作用。因此有時候也會變成八方美人（→P145）。這種人會配合當事者雙方的意見、經常採取非常曖昧的態度，久而久之周遭的人也會認為「他對任何人都擺出那種臉」而開始輕蔑這種人，甚至可能被認為是比雙方當事者還要惡劣的人。

為了不要發生這種事情，應該要好好的告知雙方：我是這麼認為的，最重要的就是絕對不可以站在某一邊、要維持中立。好好說清楚自己的意見，反而比較不容易被捲入糾紛。

在女性眾多的職場當中，會有很多人遇到小團體的夾心餅乾問題。與其思考如何調整，選擇不要碰觸該問題也是個聰明方法。還請將自己的利益放在優先考量。

迷你專欄

由夾心餅乾而生的「三明治症候群」

所謂三明治症候群，是指因為夾在上司與部下之間產生的壓力導致身心不適的疾病。由於這通常發生在中間管理階層的身上，因此又被稱為管理階層症候群、經理症候群（manager syndrome）等。症狀是慢性疲勞、頭痛、心悸、高血壓、暈眩、失眠、抑鬱狀態、自律神經失調、消化器官系統疾病等等。容易罹患這些症狀的，通常都是認真且誠實、一板一眼又纖細的人。大多會由於太過在意周遭人的事情，因此壓抑自己的心情，結果導致身心俱疲甚至出現症狀。

中間管理階層是在精神上及體力上都非常勞累的立場。加上有來自上司的壓力、同時又背負了部下的不滿於一身。因為也了解雙方的道理，考量兩方心情之後就成了夾心餅乾。如果覺得自己真的辦不到、實在不可能，那就好好的將自己的心情誠實告訴對方，也是預防方法之一。

聊八卦

意　　義	在家事閒暇之餘聚集起來聊天
類 似 詞	談天說地／聊天
場　　所	社區集會／家附近／公園／路邊

此條目日文原文是「井戶端會議」，是日本女性從前會到同一座井邊洗衣服邊聊天，因此自以前就是與鄰居往來的場面。在路邊聊天沒完沒了，結果給路過者添了麻煩也不太在意。這可以窺見人類「喜歡聚集在一起」的生態。經常可見於路邊、家庭餐廳或者速食店等，成員通常不單純是住在附近的人，而是以孩子年齡相近的媽媽們為主。

原本這是與親近的人放鬆的時間，但只要有比較多人聚集，通常就會有人提起不在場之人的壞話。視情況甚至可能發生那個壞話相關的麻煩問題，因此要注意保護好自己、不要被捲入。在說話的時候，**和對方保持一定的距離、不要踏入他人的私人領域**，說一些無關緊要的話語、帶著溫和的表情參加就沒什麼問題了。

> 聊八卦很容易出現一些傳聞，為了可以有個快樂時光，請謹記秘訣就是和對方保持一定的距離、聊一些無關緊要的事情。

咕！
唔!?

欺壓

意　　義	欺負立場較弱之人
類 似 詞	使壞心眼／惹人厭／霸凌
使用方式	上司欺壓看不順眼的屬下

日文原文中本條目為「いびる」，有著「花時間慢慢烤」的意思，因為很像是小火慢烤霸凌使人痛苦，因此使用這個語彙來表示欺壓。常見情況有婆婆欺壓媳婦、老鳥欺壓來參加團體的新人、媽媽朋友之間的欺壓等等。

為何人類會做出欺壓的行為呢？**理由可能包含傾向於希望能夠參加團體、希望有人與自己產生同感**。會欺壓他人的人因為沒有自信，因此會將周遭的人踢下去、讓自己變得較具優勢。在職場這個團體當中，如果出現了不順自己意思的人，就會判斷對方不會與自己有同感。如果出現了工作上非常能幹的人，就會覺得自己的立場很危險、因此會想辦法排除對方。這就會導致此人做出陰險卑鄙的欺壓行為。

> 就算受到攻擊，最重要的還是要有堂堂正正的態度、以及保持平靜的心情。但是如果判斷自己無法忍耐的話，也要考慮當場逃跑。

妹妹

意　義	兄弟姊妹中比自己年輕的女性
類 似 詞	較年幼的女兒／小女兒
場　合	與姊姊相比似乎較得要領時

在孩童時代以「妹妹」身分度過的人，共通點當然就是有哥哥或姊姊這類比自己年長的兄弟姊妹，通常在會自己思考以後，就會強烈感受到這一點。

哥哥姊姊在做什麼事情的時候會被大人誇獎呢？又或者是相反，做什麼事情的時候會被罵呢？因為總是近距離看著這些事情，所以有時候她們**與大人之間的關係，會比年長的兄姊還要具備優勢。**

說得簡單一些，就是她們比較容易看著別人的行為來修正自己的行為，所以很自然就會成為協調性較高的好孩子。

另外，由於女孩子通常在小時候就被要求要具備留心他人與協調性的能力，而且會比男孩子（弟弟）又更加強調這樣的性格特徵。由於這樣的理由，通常妹妹也會社交性較強。

●針對姊姊的敵對心

上面是哥哥、與上面是姊姊的不同也會有一些不一樣的影響。**如果有哥哥的話，可以說就是容易尋求保護的立場，因此一般來說就算長大了以後，通常也還是個很會撒嬌的女性。**完全就是字面上的「妹妹角色」。

如果上面是姊姊的話，給予妹妹的影響會更加直接，因此對於時尚的關心會比他人還要強烈、**以同為女性的身分燃起敵對之心。**經常會有妹妹穿姊姊不要的衣服的情況，就算爸媽或者姊姊覺得這是合理的做法，妹妹的內心也會有所不滿。另外，就算沒有這麼做，父母也很容易因為是第二個孩子，不像最初的孩子那樣緊張、較為放鬆，因此養育方式多半也會比較隨便一些。

如果想成是放任主義的話，那麼妹妹可能也會覺得是非常放鬆的環境而感到舒適；但如果內心感受到上面的姊姊集父母關愛於一身、什麼東西都會買新的給姊姊，因此強烈感受到羨慕的話，就會導致嫉妒心及敵對心越燒越旺。

●當妹妹成為敵人時

姊姊會覺得妹妹是個非常礙眼的存在，正是因為妹妹強烈的嫉妒心及敵對心所造成的。

舉例來說，姊姊如果說想學芭蕾，妹妹大概也會說想學。光是這樣也就罷了，由於已經有個範例在眼前，因此妹妹甚至可能更加順利的晉級；而且如果是同一個時間開始學習，以年齡上來說等於是妹妹從比較小的時候就開始學習，那麼更可能學得更好。

相對於較重視自我步調的姊姊來說，妹妹較為社交化、且能夠留心周遭事物，加上熊熊燃燒的嫉妒心，因此青春期以後也可能會先體驗戀愛。近年來妹妹比姊姊還要早結婚的案例越來越多，但其實妹妹原先就有這樣的傾向，只是現代社會較為明顯地反映出來罷了。

●不要再想「上面的兄姊」

就算是孩提時代因為自己是妹妹，所以過得非常不愉快的人，應該就像上面所說的，其實已經獲得了某些利益。

但是，**如果只是追隨上面兄姊的行動模式，那麼就有著迷失自己真正想做事情的風險。**嫉妒心和敵對心雖然是一種原動力，但如果過於強烈，在遇到選擇升學升遷、戀愛對象的時候，就很容易為了急於做出結論而導致失敗。為了要防止這種情況，還請發現妳自己的性格就是過於了解周遭的氛圍，最好養成習慣，詢問自己究竟想要做什麼。

這樣一來，大部分妹妹都是原本就能留意周遭情況、又有著不服輸的堅強性格，因此多半具備能夠面對各式各樣困難的能力，也就能夠做出更好的人生選擇。不要想著得超越誰、只要能夠展現出為了自己而努力的樣子，那麼包含姊姊在內，周遭的人也都會幫妳加油的。

妹妹除了能夠留心周遭事物以外，原動力是針對姊姊熊熊燃燒的敵對心。因為非常不服輸，所以不管是在工作還是戀愛上，成功的可能性都很高。但是如果一昧追隨姊姊的選擇，那麼就要留心很可能會走錯自己的人生。

迷你專欄

守護自己的世界

就算母親和姊妹等是家人，守護自己的世界也是非常重要的。舉例來說，有那種女兒結婚離開娘家以後，還特地跑來新家說三道四的母親。忽然就跑來拜訪，說東指西的。雖然通常是因為女兒從自己眼界當中忽然消失了，「擔心女兒不知道有沒有好好生活」之類的，但如果演變成過度干涉的狀態，那就稱不上是什麼良好的母女關係了。

為了建構良好的母女關係，最重要的就是「有沒有好好保護自己的世界」。也就是好好區分母女之間的界線。告訴母親「來之前要先告訴我唷」、或者告知「我某天有空、我們一起出門吧」，另外找機會見面等，保持一些適當距離吧。

煩躁

意　　義	心情躁鬱無法冷靜
類 似 詞	煩悶／躁鬱／吃醋
使用方式	晚輩約會遲到，非常煩躁

因為同事說了些惹人厭的話而感到煩躁、搭乘的電車遲到了而煩躁、想著要買的東西居然賣完了而非常煩躁……等等。煩躁的原因通常是由於事情不如自己所想，而感到不愉快。越是容易想著事情應該要這樣的人，這種傾向會比較強烈，因此會對這類不愉快幾乎呈現過敏現象，經常容易感到煩躁。

為了要使煩躁的心情沉穩下來，建議大家可以回想一下快樂的事情、或者將造成煩躁的原因以及想要表現自己心情的事情等等都寫出來、進行分析，試著**與煩躁感保持一些距離**。如果能夠好好處理自己的煩躁感，那麼有人惹妳嫌的時候也能夠輕鬆應對。

如果內心一直累積煩躁感、不滿及怒氣，那麼行動上也會變得比較有攻擊性，很可能對人際關係造成不良影響。請不要受到煩躁感支配，學習迴避的技術吧。

迷你專欄

煩躁的時候需要憤怒管理

據說人的怒氣巔峰大約是6～10秒左右。因此可以採取「憤怒管理」的方法。如果覺得有令妳煩躁不已的事情，那麼就深呼吸、還有馬上離開等，試著改變一下環境。注意不要將憤怒直接噴往對方身上，請先讓腦袋冷靜一下、沉穩以後再和對方說話。

IG 美照

意　義	讓投稿在Instagram上的照片盡量美麗
類 似 詞	instagenic
使用方式	這麼誇張的甜點一定可以拍張IG美照

IG就是Instagram的簡寫，是能夠使用智慧型手機和他人分享照片或影像的SNS應用程式服務。投稿在Instagram上的照片，能夠吸引多少人的興趣被視作非常重要的一點。也就是說，其他人看到照片之後覺得好棒喔！＝「愛心！」數量越多就表示越受歡迎，也就是所謂的IG美照。

據說Instagram的使用者以女性為多，而熱衷於投稿Instagram的人，**有著強烈的希望他人認可自己的欲望、別人看了自己拍的照片就能提高自己的價值。**如果滿足了一次願望，為了要獲得更多滿足感，就會繼續上傳看起來是IG美照風格的照片。現況有很多人不是為了吃好吃的甜點而前往大受歡迎的咖啡廳，而是為了要拍好看的照片才去的。

> 如果只在意要拍好看的照片上傳，那麼就無法打從心底享受事物了。請不要把別人的評價當成目的，應該拍自己想拍的東西。

蔑視

意　義	以宛如自己立場優於對方的態度說話
類 似 詞	命令口吻／高姿態
使用方式	說些蔑視他人的話

那種明顯顯露出輕視他人的樣子、不管說什麼都很像命令口吻，要與那種總是蔑視他人的人往來真的非常困難。

總是蔑視他人者，其實大多是沒有自信、但裝成非常有自信且自傲的人。**因為基礎上他的思考是認為自己的想法和做的事情絕對正確，因此很容易從態度和話語流露出否定他人的特徵。**不僅沒有考量對方的心情，還會指責對方、或者採取自己似乎很了不起的行動。這背後其實隱藏著希望能夠牢牢記住，自己輕視對方而產生的優越感這種心理機制。在團體當中若有經常蔑視他人者，會導致置高現象（→P164）常態化，團體中的氣氛會變很差。

> 會蔑視他人者，很難察覺自己這樣的行為，因此會發生在任何人身上。不要覺得事不關己，請平常就多檢查自己的言行舉止。

說謊

意　　義	為了欺騙他人而說的話
類 似 詞	謊言／虛偽／虛假／捏造
使用方式	說謊騙人：「明天有喪禮要參加……」

說謊的理由五花八門。可能是為了明哲保身、利害因素而與犯罪相關的謊言；也可能只是搞錯狀況或者記錯，而不小心說了沒有惡意的謊言。還有為了不要傷害對方的體貼之心而生的謊言。永遠只說真心話，沒有辦法建立一個安穩的人際關係。姑且不論那些帶著惡意的謊言，俗話也有善意的謊言這種說法，是為了不要引起紛爭的謊言。

好好區分真心話與場面話，為了不破壞氣氛、維持朋友和同事之間的關係，也可能需要說謊。就算與自己的意見不同，卻表示贊同對方的言語或者行動，這說到底也是一種說謊。雖然無法不說謊，但如果是為了使人際關係圓融而說出適當的謊言，那麼也可以視作心理技巧的一種。

如果不斷說一些明哲保身或者利害關係的謊言，人格會遭到懷疑。沒有惡意的謊言也可能是為了不傷害對方，這算是一種體貼。

假哭

意　　義	假裝自己在哭泣
類 似 詞	裝哭／演戲
場　　合	事情無法收拾的時候／無法順自己意的時候

所謂假哭是指有目的而流淚，企圖讓自己不利的狀況有所轉圜。男性從小就被教導「不可以哭」、「男孩子哭太難看了」等等，長大成人後，因此比較容易壓抑感情。另一方面，大家通常會溫柔的問女性「沒事吧？」、「怎麼了？」如果不哭反而會被說「真不可愛」之類的。因此只要哭泣就會獲得溫柔的話語、會有人幫忙，這是女性獨特的體驗，**因此很容易就想到哭泣就能讓自己脫離不利的狀況，才產生了假哭這種計畫性行為。**

但是，如果是為了安慰內心悲傷之人，所以陪著對方哭了起來，這就算有一部分是演技，也可以說是體貼的假哭了。

如果老是假哭，很容易被貼上麻煩人的標籤。但如果是陪伴安慰對方而哭泣，那並不是一件壞事。

自負

意　義	對自我評價過高且十分得意
類似詞	自我陶醉／自戀／過度自信
使用方式	「那個人明明沒做什麼，卻好像很自負的樣子呢～」

所謂自負，是指一心認為自己非常優秀、甚至超過旁人所見的實力，且感到非常得意。在日文當中的漢字寫為「自惚れ」，意思就是對自己傾心，也就是喜歡自己、因此有著想展現自己能力的特性。自負的人會對自己的能力評價很高，得意洋洋地工作，但其實旁人眼裡看起來實在不怎麼樣，而反感地覺得「搞什麼啊～!?」**正因為這種人深信自己非常優秀，所以不會更加努力。不再繼續成長，因此旁人對這種人的評價會更低。**另外，當中還有很多人會蔑視他人（→P51），這是由於會有人認為自己有能力，就等於比別人偉大，導致他採取輕視他人的態度。

真正有能力＆自信的人，絕對不會自負、反而有著謙虛向上之心。真正的美人也絕對不會開口說：「我很可愛吧。」

> 非常自負的人會嚴以律人並寬以待己。認為自己很優秀不過是一種錯覺。他人早就看透了。

背叛

意　義	違背他人信任之行為。背著自己人投靠敵方
類似詞	背信／謀反／忘恩負義／投靠敵人
使用方式	被信賴的上司背叛了

良好的人際關係建構在互相信賴上。判斷可以相信這個人，所以才與他往來，之後被他背叛的打擊就會很大。

能夠簡單做出背叛這種行為的人，大多是**無法與他人有同理心的人**。因為無法與他人有同感，因此不容易引發良心不安、也不太在意會傷害到他人。只要想到背叛之後所能獲得的利益，遠高於被他人責備的損失，就能夠稀鬆平常的做出背叛之事。由於這種人對於人際關係並不感興趣，因此甚至當事人並不覺得那是一種背叛。但是，如果是由於嫉妒導致背叛，並不存在利益優先。因為對方交了男朋友、或者她的事業非常成功等等，由於朋友先取得了自己尚未擁有的東西而感到生氣，所以想陷害對方的這種心情，就很容易轉換成背叛。

> 有些人甚至不會發現背叛非常傷人。大家最好還是記得，不管是多麼善良的人、又或者有多相信對方，都有可能因為周遭環境或者人際關係而發生背叛行為。

占卜

意　義	判斷並預言她人運勢或者事情吉凶
類似詞	易經／占星術
使用方式	每天早上看電視的占卜預報是她的例行公事

女性有許多人喜愛占卜的傾向。**有很多人就算沒有科學根據，只要自己能接受就會相信、即使被人分析也不會產生拒絕反應，非常老實地接受占卜結果。**

人類總是想要更了解自己、想要多收集關於自己的資訊，有著所謂的「自我認知欲望」。能夠滿足這種欲望的就是占卜，如果能夠得到自己先前並不知道的優點等正面資訊，滿足度也會非常高。但是若過於沉溺此道，變得囫圇吞棗的話就非常危險。是依靠自己的意志下判斷、還是根據占卜來判斷，完全看當事者自己的做法，還請注意不要成為占卜成癮的人。

容易相信占卜的人，有很強烈的傾向是不管是在說誰的情況，都很容易認為這就是我啊！一旦陷得太深，就很容易停止思考、只是一味承接訊息。

羨慕

意　義	看到他人優秀之處，希望也能變成那樣
類似詞	欽羨／仰慕
使用方式	好羨慕模特兒那種體態喔

羨慕高收入、羨慕她有帥哥男朋友……等等。經常會有人想著「那個人那樣好好喔」。**羨慕這種情感，不可否認的，也可說和憧憬（→P37）是類似的感情。**舉例來說，會羨慕被提調參與企劃的同事，因此覺得自己也應該要努力被提拔才是，這就是羨慕的感情加持的正面思考結果。但另一方面，若是「為何她會被提拔？是不是她比較受到寵愛？」這種感情湧上，那麼就是能在羨慕的情感當中閃爍著嫉妒火焰的證據。

嫉妒是負面情感，很容易轉變為責備自己的情感，因此在那之前就應該要好好肯定自己的心情是「有時候會覺得很羨慕」，她會被提拔也是因為非常努力，認可對方並且帶著祝福的心情。

會覺得羨慕，是因為拿自己與他人比較。鄰居家的草皮總是看起來比較美，但聰明的話應該要努力把自家庭院打造得有聲有色才是。

出軌

意　　義	愛情轉移到他人身上
類 似 詞	移情別戀／好色／幽會
使用方式	我發現出軌對象傳給他的郵件

所謂出軌，是明明已經有互相認可的戀愛、結婚對象，卻還與其他異性發生戀愛關係或者性關係。

據說女性會走向出軌的道路，通常不是為了性需求，而是較為重視心理上的滿足感。沒有對話、不新鮮了、不把自己當成女人、沒有性愛生活等，對於丈夫或男朋友感到不滿以及壓力、對現狀不滿意的時候，為了要填補寂寞以及內心空虛，就會尋求他人慰藉。另一方面當然也有女性是為了滿足性需求而出軌的。

出軌的女性有以下幾個特徵。

●**性慾強**⇒雖然自己有性慾，但對方男性並沒有。如果和伴侶沒有性愛生活，就很容易尋求其他對象。

●**散漫**⇒對於工作、時間及人際關係散漫的人多半男性關係也很散漫。

●**容易感到厭倦**⇒容易感到厭倦的人通常好奇心旺盛，一旦兩人之間的關係失去新鮮感，就很容易開始關注他人。

●**優柔寡斷**⇒不太會拒絕他人、無法推開其他男性的接觸，很容易水到渠成。

●和伴侶維持良好關係防止出軌

另外，會出軌的女性大多是害怕寂寞的人。想見男朋友卻見不到面，因為無法忍受這種情況所以就會向其他男性求助。另外，覺得男性束縛非常煩人的女性，也很容易為了嘔口氣而和其他男性有共同時間。網路上的交友網站上，對方不像那個不聽自己說話的老公，會非常熱衷於聽自己說話，而當對方稱讚自己「真是有魅力」的時候，就很容易動心，這種情況也很多。或者是在同學會上久違地重逢，最後走向出軌。畢竟很了解彼此，所以要聊開來並不是那麼困難。只要說出「之後要連絡我喔」就很容易再約見面，不知何時就……這種事情也很容易發生。也有妻子因為有了秘密以後刺激到原先的夫妻關係，結果反而能更加溫柔地對待丈夫。

和伴侶關係良好而感到幸福的女性，是不太容易出軌的。也就是說，原因其實在於和伴侶溝通不良，導致她將目光轉移到其他男性身上，因此只要好好溝通，就是防止出軌的方法之一。

> 女性出軌很容易認真，甚至選擇新的伴侶。為了防止出軌，必須好好和伴侶溝通、互相認可對方。

愛八卦

意　　義	喜歡說不在現場之人一些有的沒的事情
類 似 詞	大嘴巴／八卦王
使用方式	她非常愛八卦、口風不緊

在朋友和同事當中，一定會有那種很愛聊八卦的人。由於她們的好奇心旺盛且資訊收集能力也很高，因此聊八卦絕對少不了她們。另外，也有些人是對自己並沒有自信，為了要保持一定程度的自信，因此只要有非常在意、又或者是她敵視的人在場，就會拼命挖掘那個人的事情，然後交織事實與妄想，等到其他人聚集的時候再把這些當成話題來說。

在團體當中說其他人的壞話，共享這件事情能夠加強並互相確認夥伴意識。有時候甚至會背地裡說不在場的夥伴壞話。提供八卦的人會因為提供話題而認為自己的價值有所提升，而聽話的人也會覺得和大家共享秘密，因此有了夥伴意識。要多多留心那些散布惡意傳聞的人。

> 隨意和人聊聊也可能會成為收集資訊、加深關係的場合，但要注意是否有人喜歡帶有惡意的傳聞。請拉出適當距離、不要有過深的往來。

沙龍

意　　義	瘦身或者美肌等，為全身美容的店家
類 似 詞	美容沙龍
使用方式	去了沙龍後，整個人看起來煥然一新

能夠為那些希望能永遠年輕、想保持美麗的女性心情幫上忙的，就是沙龍店家了。年輕的時候總是被周遭稱讚好年輕啊，但是歲月不饒人，容貌總會隨著年齡成長而衰退。年紀大了以後大家靠過來總是喊自己「伯母」。**希望能維持這個沒什麼皺紋的樣貌、希望能找回過去美麗的自己好讓人肯定。沙龍店家能夠回應女性這種心情。**應該也能夠期待有放鬆心情的效果。也有人會在結婚典禮前、或者比較特別的日子前去一趟。

在洗禮之後，看見自己變美麗了，壓力也會消除，心中會浸淫在滿滿的充實感當中，這也是事實。沙龍店家是提供一個短暫幸福時光的空間。不過，也可能會沒完沒了，因此還是要有心理準備接受現在的自己。

> 沙龍店家的手法具有放鬆效果，也對於維持身心健康有所幫助。但是所有人都會老去。接受自己年紀增長的心情也是非常重要的。

人按讚!! 有300個 太好呢!!

SNS

意　義	能夠建構社會性網路的Web服務
類 似 詞	社群網站
使用方式	她非常自豪於SNS的追蹤人數

S NS是「Social Networking Service（社群網路服務）」的簡寫，是用來提供人與人社會性交流的會員制網路服務總稱，能夠藉由朋友或出身學校等聯繫來建構嶄新的人際關係。最具代表性的是「Facebook（臉書）」、「Twitter（推特）」和「Instagram」等等。

由於SNS的普及，人與人產生關係變得更加簡單，和舊朋友的交流也能藉此復活，應該也有很多人是透過興趣來建構新的人脈。由於SNS可以頻繁聯絡，因此與對方的距離感會消失，總覺得一直都在一起。另外，由於內心也有著希望能和可以理解自己、肯定自己的人更加親近的願望，因此SNS比較容易和有同樣思考方式、相同興趣的人成為夥伴，並覺得SNS令人感到舒適。也因此，有許多人變得無法放下智慧型手機，而成為SNS依賴成癮（→P45）的人。

●SNS對於想受到認同的人是個方便工具

我們人類本來就有希望周遭認可自己的欲望渴求。SNS可**以馬上知道對方的反應和評價，只要按讚的人越多，就越能夠滿足自己被認可的欲望**。如果有人留了令人開心的話、或者轉推數很高，那麼心情會更好。欲望被滿足過一次以後，就可能繼續為了滿足更高的欲望而繼續發文。

為了要增加按讚的數量，會打造自己很棒的假像、前往受歡迎的景點等、表現出戀愛生活充實的樣子。和男朋友拍合照、展現出男朋友稱讚自己親手做的料理很好吃等等。會頻繁上傳自拍（→P108）照片，也是因為內心充滿了「我很可愛對吧！你們要承認啊！」的渴望。對於想要展現出自己的存在感、自我彰顯欲望強烈的人來說，SNS是不可或缺的。

就算投稿者會感到滿足，但看的人也可能覺得「和這個人相比我實在沒什麼好自豪的」而感到自卑；或者覺得「在驕傲什麼啊？真讓人煩躁」這種想法也無所不在。不認識的人也許覺得沒什麼的發言，在朋友眼中看起來可不一定如此。這時候對方很可能說的不是真心話，只不過是考量到對方、或者懶了、又甚至只是想讓場面好看一點等負面體貼。**和許多人交流雖然是快樂的事情，但也可能成為壓力來源**。有時會在不知不覺間捲入疲勞漩渦，這點還請多多注意。

上傳充實的戀愛生活內容，旁人看了通常會被認為是在自傲、而不是覺得很棒，這點要多加注意。為了不要讓SNS往來變得壓力很大，請注意保留和他人之間適當的距離感。

午餐時間

OL

意 義	office lady。女性上班族
類 似 詞	女性員工／working lady
場 所	職場／丸の内

在辦公室工作的女性被稱為OL（office lady），是在1963年時女性週刊雜誌為了要表達「新時代工作女性」而向大眾募集徵選出來的名詞。從大正時代至昭和初期，一直都是稱為「職業婦女」，之後還有一段時間被稱為「BG（business girl）」。由於女性的工作多半以輔助性的業務為主，因此被認為是「辦公室當中的萬綠叢中一點紅」，有著結婚之後就必須離職的不成文規定。但是現在的職場當中，女性們也有一般職等、業務職等、簽約員工、派遣員工、計時員工等等各式各樣的身分。因此，和以前相比，工作女性們的思考方式也更加多樣化，因此人際關係可說是五花八門。由於職場是用來度過一整天大半時間的場所，因此和同一個職場內的女性建立良好關係非常重要。

另外，「丸之內OL」（譯註：丸の内OLレイナ為一日本網紅，在IG和Youtube都有不少清涼影像，曾有成人影像遭流出的風波）這個說法已經有品牌化的傾向，因此也有些人認為應該要避免OL這個說法。另外也有些看法認為特別指名女性，本身就是一種歧視。

> 雖然都稱呼為OL但實際上卻有千百種人。如果人際關係會對工作造成不良影響，那麼還是早點保持距離、好好往來吧。

一旦身處團體當中，就必須經常花費力氣審視自己是否與大家站在同一個立場。這是由於如果只有自己突出、又或者站在不同的立場，那麼就會遭受抨擊。除了工作的內容或者事情沒做好、外貌、服裝時尚、學歷甚至有沒有男朋友都會被拿來比較。只要有人稍微顯眼一些，其他人就會覺得不能保持沉默，而開始抨擊她。

若是被提拔到職場的重要位置上，除了有些人會給予祝福以外，也會有那種在背地裡說起壞話、或者無視升職者的人。因為他們對於有人升職這件事情，會認為「她拿到了我沒有的東西」，為什麼會選她而不是我呢，因此顯露出嫉妒心與對抗心。希望自己能夠被認可、想保護自己的立場位置，這種保身的心情會導致抨擊的行為。

甚至有人為了發掘出自己的優勢，而試圖把其他人拉下來。就算自己的地位沒有上升，自己認同的那個人只要稍微下來一點，那也能感到滿足。對於比自己獲得更多優勢之人的嫉妒心實在非常可怕。

諸位好啊。

真的有人這樣講話喔…

高雅

意　　義	動作及說話方式非常沉穩且優雅
類 似 詞	優雅／楚楚動人
使用方式	真是位高雅的小姐

沉穩又有氣質。這樣高雅的女性非常容易給周遭的人好印象，男性也非常喜愛這類女性。感覺上通常是黑色長髮、自然妝容、清新高雅的服裝、動作沉穩且一舉一動優雅美麗、遣詞用句雅致有禮。再加上不會強出頭、但能與人協調，笑容完美實在令人無話可說。

如果外貌優美、性格也好的話，那麼女性也非常喜歡這種人。就算因為她非常受到職場上的男性歡迎，其他人也會覺得「她比較特別」而不容易成為霸凌的對象。當事者通常也沒有與其他女性爭風吃醋的意願，因此不容易引起紛爭。但是，**若是為了討男性歡心而刻意表現出高雅的樣子，那麼就很容易成為女性攻擊的對象。**就算只是要裝一下高雅，其實也是非常困難的。

真正高雅的人，其優雅感和待人接物是刻在骨子裡的。因此女性也會非常喜歡她、很容易獲得大家的敬意。如果目標是討男性歡心，那麼理所當然會成為攻擊對象。

迷你專欄

和只在聚餐時見面的女性朋友間的關係性

有些朋友是只在偶爾舉辦的OB聚會或者同學會上才見到面的人。其實平常感情並沒有特別好、也不會特別聯絡對方，但是在聚餐的場合當中很自然地就會和對方聊天，互相報告起近況。

但是希望大家要留心此時選擇的話題。如果隨口就說了丈夫出人頭地、或者男朋友多棒、孩子考試成績很好等等，這類聽起來像是在自豪的話題，很容易讓周遭的人都變成敵人。正因為偶爾才會見面，所以必須要多加留心，找出一些大家都能愉快聊的話題，這才是所謂成年人的技巧啊。

聊天

意　　義	無止盡的說話。口風很鬆
類 似 詞	閒聊／講八卦／隨口說說／饒舌／愛八卦
場　　所	學校／咖啡廳／家庭餐廳／女子聚會

女性一旦開始聊天，話題永遠都說不完、會持續好幾個小時。**對於女性來說，這是一種理解社會生活中的他人、用來保護自己的溝通方式。**

女性的腦部當中理解言語的神經細胞比男性來得多，並且擅長同時運作左右腦來自由結合各種資訊。也就是說，女性比起男性，語言能力較為優秀，且可以一邊說話一邊思考事情，因此可以一直說下去。也因此，對話能夠一直成立。如果洩漏他人的秘密、又或者只說自己的事情可能會有點問題，但是說話這件事情能夠排解不安及壓力，因此聊天時間也是一種取得內心平衡的時間。

和人聊天的時候，到處散播他人秘密或者傳聞、又或者只說自己的事情是NG的。只要能讓自己消除些壓力就可以打住了。

考試

意　　義	私立或者公立幼稚園、小學等考試
類 似 詞	入學考試
使用方式	「那戶人家是明年要去考試嗎」

在日文當中用了特殊的詞句（敬稱）表示私立或者公立的幼稚園、小學等升學的考試。比起接受考試的孩子們來說，其父母會更加積極參與、且為了準備考試會讓幼童前往幼兒教室等，特指這類行為。

大多數父母認為「希望能讓孩子在稍微好一點的環境當中，比較能夠發展能力」，因此拼命接受嚴厲嚴格的考前唸書，畢竟媽媽朋友們的孩子也要去考試呢。就算原先是能夠快樂聊天的對象，此時也會開始探對方的底。媽媽朋友之間原本就有評價對方高低而產生「媽媽階級」（→P167）的溝通方式，考試這件事情本身就會影響地位變化。能夠參加考試的家庭在經濟上比較有餘力，因此地位較高，而**孩子通過考試進入名校，就是貴婦的證據，母親本人的地位也會因此提高。**

據說目標是參加考試的家庭越來越多了。這是由於考試會影響到媽媽朋友之間的階級評斷。最好也要注意和別人聊天的內容。

多管閒事

意　義	照顧他人卻是給人添麻煩
類似詞	多嘴／插手／多此一舉／干涉
使用方式	多管閒事的伯母不再多說

到處都有喜歡照顧他人的人。當然，受到對方的照顧通常會心懷感激，但若是太過火，很可能變成「照顧過頭」而成了多管閒事。明明應該是為對方著想，為什麼會成了多管閒事呢？

容易多管閒事的人內心總想著「我是為了妳著想，所以才做這些事情的唷」並且想將這種事情強加在對方身上。**其實他並不知道對方真正希望他人為自己做什麼，只是因為他自己想這麼做、把「如果自己做了，對方應該會感到開心」這種念頭擺在優先事項**，認為自己做的是正確的、對方應該不會討厭。為了不要使自己變成多管閒事、給人添麻煩的人，別忘了先確認對方希望自己怎麼做、確認對方的想法這個步驟。

> 親切和多管閒事差別只在一線之間。太過親切也會讓人覺得多管閒事，就算是自己會希望有人這麼做，對方也可能覺得妳太多事了。

成對

意　義	服裝或者所持物品和他人的東西相同
類似詞	一組／成雙
使用方式	我想要和姊姊成對的衣服

從前那種穿著一樣服裝或帶著一樣東西，成對出現的情侶很容易被人以嘲諷目光看待，但現在成對的打扮、相同的穿著會被稱為「情侶裝」、「雙子打扮」等，轉變為被大眾認為「好帥氣」、「好可愛」等。撞衫而覺得非常尷尬已經是過去的事情，現在感情好的朋友做出「雙子打扮」是非常受年輕女性歡迎的，也已經是時尚流行中的一種打扮。

女性有喜愛成對打扮的傾向，這是由於穿著一樣的東西就能夠獲得一體感及安心感。但背後也隱藏著不允許敵人入侵的獨佔欲、想要抹去兩人感情間不安的心理作用。也就是想要兩個人是一對的特別感。

> 成對是讓人產生一體感及安心感的工具。會用來加強兩人感情。

追星

意　　義	熱愛藝人或名人的粉絲跟著對方到處跑
類 似 詞	愛好家／粉絲／支持者／御宅族
使用方式	媽總是去追星

追星的行為是有些人為了要看到偶像或者名人，因此配合對方的時間表，前往對象會出現之處。當中甚至有人會在後台出入口等待、住同一間飯店、刻意前往當事者會去的店家等。在日文當中這個詞的由來已久，明治時代後半有非常受歡迎的娛樂活動「娘義太夫」，當時已經有一些青年會跟在她們後面跑，而被稱為「跟著跑組」。他們會不斷跟著娘義太夫從這個劇場到那個劇場，甚至跟到人家家裡去，生活完全黏著義太夫。

●好意箭頭直指對象者

耗費自己的時間、體力及大量金錢走遍全國各地、有時候還飛到海外去。除了工作以外，其他時間都在確認對象的資訊、在全國跑遍演唱會和活動。由於把「喜歡」這種心情全部指向對象者，因此有不少會演變成實際上的戀愛心情。

對於該對象的心情，就和疑似戀愛是一樣的。實際上的戀愛可能會分手、可能有很多煩躁的事情，但是偶像和名人不會背叛自己。在帥氣舞台上的他（或者她）面對面的時間是無可取代的。呼喊舞台上的他（或她），對方也有所回應的時候便感到滿滿的幸福。希望對方能夠承接自己的思念，這個願望在那瞬間被滿足，因此演變為追星行為。如果對象是運動選手，只要他的成績越好，就越會加深想要為他加油的想法、因此越陷越深。

●共享感受成為夥伴

一起追星的人，會在演唱會會場或者SNS（→P57）上互相認識，也很容易形成一個團體。透過共通的興趣及體驗的共同感受而生的團體，通常會是感覺比較舒適的場所，但也不能一概而論。有些團體當中，會出現由資歷比較久的粉絲掌控一切的粉絲階級，也可能有團體內的人互相嫉妒及牽制的狀況。**嫉妒與牽制不單指團體之間**，也可能是針對團體內的個人，導致共感之處轉變為紛爭場所。會追星的人，共通點就在於對於對象者的「喜愛」之心。但這種心情卻必須每個人都一樣。如果有人特別突出，與其他人的連結就會猛然降低。

沉迷於喜愛的事物並不是件壞事。但是，如果太過耽溺其中就可能演變為影響生活的成癮症狀，需要多加注意。

謝謝妳!!
妳很成熟呢～

成熟

意　義	外貌、態度或者說話方式等比實際年齡來得年長
類似詞	早熟／大人樣
使用方式	「穿了那件衣服看起來很成熟呢」

所謂成熟，是指和實際年齡相比，外貌及態度等等看起來更加年長，通常是掌握實際年齡為前提才會說的用詞。**如果被說「妳很成熟呢」，對方通常都是在稱讚妳。**不管是長相、安穩氣氛感的外貌、或者態度醞釀出成人女性的魅力，才會聽到這類話語。另外，也有些時候是內心給人一種冷靜感等。不會張開嘴大笑、遣詞用句溫和有禮、禮儀非常好等等，

但是，這種話完全不適用於實際上已經有一定年紀之人。如果想讓人感到高興，說這話的對象大概只能是20出頭左右的人。

被認為「小孩子氣」的女性，通常會給人自我中心、情緒化等負面印象；但是「成熟」的女性則有著非常沉穩、很會體貼他人的正面印象。

迷你專欄

究竟⋯⋯
對男朋友下手的女性朋友

經常聽到有人會搶朋友的男朋友。搶了男朋友的女性分為兩種，一種是刻意為之、戰略性的搶奪型；另一種則是心中想著這樣不好、卻無法壓抑自己情感而有些畏縮的類型。前者會被稱為是陰險，也就是內心奸險的類型；而後者無論如何終究也是奪走男朋友，因此怎麼樣都不想和這兩種女性有往來。

陰險的女性通常是想要別人的東西的那種人。她們通常不服輸、表現得非常體面、但無法老實地為朋友的幸福感到開心，嫉妒心只會不斷倍增。她們會被自己的想法支配，認為明明我比較可愛、我比較有魅力，並不會考量對方的心情等。如果和男朋友吵架的時候，馬上就跑來聽妳商量、甚至想介入仲裁的朋友就要多留心。不知何時男朋友的心可能會轉向她那邊。

鄰居

意　義	居住處很近、屬於相同溝通地區的家庭或人
類 似 詞	鄰人／隔壁家
使用方式	和鄰居往來要多花點心思

鄰居可能是能夠仰仗的存在、也可能是大麻煩。在遇到災害的時候、或者要收集當地資訊的時候是不可或缺的存在，但如果聽到「府上的雜草太長囉」、「您丈夫在哪兒高就啊？」等等，就很容易覺得反感。越是往鄉下去，這種鄰居拼命問近況的情況有越發嚴重的傾向。如果有年輕夫婦搬家到一群居住已久的人之間，那麼就一定會成為八卦對象。

另一方面，若是新建住宅的居民，會有許多孩子年紀差不多的家庭，因此與其他媽媽往來便成為必須條件。就算想著其實並不想與他人往來，也無法置身事外。**畢竟大家會想著交換資訊明白對方，就能夠感到安心，因此參與大家聊八卦（→ P47）一事，就和地區活動分開進行吧。**

> 為了不要被該地區孤立，秘訣就在於與鄰居保持著若有似無的距離。將與人往來和地區活動分頭執行就是好好度日的秘訣。

國中同學

意　義	自同一個國中畢業的人
類 似 詞	同窗／同期
使用方式	她們是同國中的，所以感情很好

即使是能夠天南地北聊天笑鬧的夥伴，在畢業之後也會逐漸產生距離感。尤其是上京組（譯註：離開原先居住地前往東京）等離開故鄉的人感受特別強烈。**留在故鄉的人有融洽聚會的機會，因此羈絆也比較強。但是，偶爾才會回鄉的上京組就跟不上話題，因此覺得疏離。**話題中心通常在於有沒有工作、結婚、丈夫的職業等等私人事情。一不小心還可能會一起說起不在現場的朋友壞話。如果跟不上這些話題的人，就會覺得內心煩躁、甚至覺得不再和大家見面也無所謂。見面的時候能夠帶起熱烈討論的，大多是回憶之事或者確認近況。與其勉強自己去聚會，也可以選擇不要參加。但是，正因為是同一個國中出身，能夠聊聊青春時代的回憶也可能非常開心。

> 就算是同一個國中，留在故鄉的人和離開當地前往東京的人往來方式會有所改變，不過維持在偶爾見面聊聊過去的關係也不錯。

中元節

意 義	迎接並供養死者靈魂的節日
類 似 詞	盂蘭盆會
場 合	舊曆中元／新曆中元／暑假

提到中元節，原本應該是放鬆心情去掃墓、迎接祖先回家的節日，但是因為要回到老家、與親戚往來，有時候還會順便參加同學會等等活動，也是會增加負擔的季節。

回丈夫老家特別令人感到疲憊。甚至無法把中元節當成休假來看待。**如果和婆婆的關係不夠好，那麼婆婆對於兒子的老婆要求便會非常嚴厲，身為媳婦也要小心翼翼。**如果得要做所有家事的話，根本就沒辦法好好坐下來。再加上若有小姑在，更要處處小心，疲勞倍增。對於那些沒見過幾次面的親戚，根本無法跟上話題，但卻需要有回答適宜不可出錯、扮演一個好媳婦的技巧。

> 覺得去丈夫老家會很疲憊，但若不去又會有問題。在那裡的時間都得要有能配合大家說話、小心翼翼、扮演個好媳婦的技巧。

貼心

意 義	站在對方的立場來思考。同情
類 似 詞	體貼／溫馨／留心注意
使用方式	母親說「要對別人貼心些。」

貼心是指體貼他人的心情或身心狀況。日本人的文化根基在於尊崇「和」，原先就有從對方的表情或態度來推測對方心情的這種體貼想法；並且為了保持社會秩序、建構圓融的人際關係，這件事情也越來越受到重視。也有些人認為，有時就算犧牲自己，也應該要以對方的利益為優先。

如果不想與人起紛爭，最重要的就是體貼之心。請不要只想著自己的事情，必須站在對方的立場來思考。另一方面，如果沒有體貼他人之心的人，很可能不在乎時間、就算一起出門也不體貼彼此，而容易擅自做出各種行為。如果有這種朋友的話，最好重新考量是否繼續與對方往來。

> 如果有體貼之心，那麼就不容易與人起紛爭。如果有那種只顧著自己的朋友，最好還是和對方保持一點距離。

道歉電話

意　　義	針對造成他人麻煩一事表達歉意
類 似 詞	致歉／謝罪
使用方式	由於孩子的問題而打道歉電話

就算是感情很好的朋友，有時也會吵架。也許是言語上稍有差池，而之後的處理方式若有問題，甚至可能走向絕交，因此最好不要花太多時間，趕快道歉方為上策。道歉方法當中直接前往見面道歉，之後的關係也會比較緩和。時間過得越久，就會越難直接見面道歉，視吵架內容而定甚至可能陷入泥沼。如果實在是無法見面、又或者提不起勇氣見面，那麼就用電話吧。沒有看到對方的臉，比較容易把謝罪的話語說出口，只要能聽著聲音說話，也能夠推測得出對方的心情，可以配合對方來選擇自己使用的道歉話語。

女性之間如果開始僵持己見，就會變得難以解決。這種時候**就算覺得是對方不好，也選擇自己先向對方道歉，能夠讓自己的人格有所成長。**

道歉的話語若不是打從心底以一步一腳印的心情說出來，是無法讓對方理解的。就算是非常親密的朋友，打從心底說「對不起」也是最小程度的禮儀。

那個男人不可能啦，超糟的

糟的

昨天不是還說妳們很恩愛…

女人心海底針

意　　義	女人的心就像大海撈針一樣難以捉摸
類 似 詞	女人心難捉摸
使用方式	「妳明明那麼愛他卻又分手了？女人心真是海底針耶。」

在日文當中這句俗話的說法是「女人心如秋空」，意思是女人的心意彷彿不時變化的秋季天空，總是不斷改變。這句話原本是「男人心如秋空」，意思表示男性對於女性的愛情容易轉變。

女性傾向於有著比男性更優秀的共感能力及語言能力，因此很容易發現一些細微的感情糾葛。這個特徵在許多方面都大有用處，但另一方面也**很容易發現對方原先打算隱藏的謊言或不愉快，結果反而更加受傷。**

以女性來說，感到受傷是理所當然的，但是女性在察覺男性自己並沒有發現這件事情本身也會感到受傷，這對於男性來說是無法理解的。

就算是女性都會發現的事情，男性可能還是不會注意到。有時候還是得要仔細地說明才行。

該怎麼說呢，這樣有點優柔寡斷…

我煮好豆子了！還有橘子喔。

女人味

意　　義	個性或者外貌等會令人覺得怎麼看都是女性
類 似 詞	女性化
使用方式	很自然的養成女人味

妳是不是曾有過經驗，有人對妳說「妳要有女人味」、「妳這樣沒有女人味」等等，而忍不住想著「什麼是女人味？」女人與男人的不同之處就在於物理上的「性」，而針對這種「性別」，則在社會上會有一定的角色要求。一般認為的女人味，通常是指後者，像日本這樣男性優先的社會當中會要求女人達成一定的角色等，因此女人味會隨著國家、文化以及時代而有所改變。

也就是說，所謂沉穩內斂、溫柔體貼、擅長做家事及照顧孩子等女人味的印象，**不過就是認為女人應當如此而有所偏頗的理想樣貌**。從小時候起，周遭的人就告訴妳「妳是女孩子，應該要文靜一些」、「女孩子得要會做料理才行」，因此也會覺得這是自己的任務，就連遣詞用句與思考方式都會記得社會要求的「女性」標準而逐漸成為那種人。

舉例來說，在一個女孩子的家庭當中，如果只有母親負責做家事，那麼就會被輸入「做家事的不是男性而是女性」這個概念，也就會認定家事＝女性。人類在2～3歲的時候會開始對自己的性別有所認知，並且從周遭環境學習自己的性別角色。幼稚園男孩如果說出「女生還那麼囂張喔～」就表示他認為如此一來女性就會閉口不言，這種印象已經深植在男性孩童的心中了。

●職場上要求的有女人味的女性

從前職場上也會要求女性要有女人味。像是「來倒茶的是女性會比較開心」、「看到她們微笑就會覺得心情開朗」、「貼心的女性很棒」等等。也許「體貼人心」本來就是那位女性的個性，卻被當成一種女人味的標籤。而女性員工也是如此認為，從孩提時代就不斷被灌輸「能體貼他人才是女性」的概念，**因此會認為那是女人味而非個性，甚至自己演出一個體貼他人的女人。**

現在女性的管理階層人員也逐漸增加，有些工作內容不管處理者是男是女都不會有所改變，可以感受到已經有所變化。除了體貼以外，非常會溝通等等也開始有被認為是女人味的傾向。

> 以往的「女人味」是男性心中的理想女性樣貌。現在則有女性認定的女人味，也可以朝這方面思考，讓更多樣化的價值觀共存。

好可怕。 很嚴厲也。 好性感。

外貌

意　　義	外觀看上去的樣子
類　似　詞	外表／容貌／看看我
使用方式	為了要使第一印象良好，最好在外貌下點工夫

雖然俗話說「內在比外在重要」、「不可以外表判斷他人」，但實際上人類就是會以外貌判斷他人。要判斷初次見面的人的內在，材料當然只有外貌。因為還沒有談過話、不知道對方的性格和能力，所以這也是理所當然。資訊來源就只有外貌，因此只能靠見面時的印象來掌握對方是好是壞。

此時的印象會影響深遠。這被稱為**初期效果**，如果一開始就給人好印象，就很容易被認為是個好傢伙；若是印象不好，就會被認為是個不怎麼樣的人。而這也會成為對那個人的固定印象，如果對方是給妳好印象的人，就算他失敗了也會覺得這也沒辦法；如果是覺得不怎麼樣的人，就會覺得果然不行呢，而使妳對他評價繼續下降。

●美人的內在評價也高

大多數的人都喜歡外貌比較好的人。美人或者帥哥這類容貌較具魅力者，很容易使人看到就覺得「好棒！」由於美人或帥哥比較容易給人好印象，因此**外貌美麗就很容易被判斷內在也十分優秀**。據說如果男性帶著美人女朋友，大家對於那位男性本身的好感度也會提升。這是因為大家覺得能夠交到一個美人當女朋友，那麼他一定也是位優秀的男人。另一方面，就算不是帥哥，只要有老家是資產家等標籤在身，那麼也會瞬間獨佔女性們的熱烈視線，這是由於外貌會因資產家身分的加持而提升好印象。

●希望能夠比他人外貌看起來更好

女性對於外貌有很嚴重的情結，對於被他人觀看十分敏感。這一方面也是由於意識到男性重視外貌的看法，但其實更加在意的是同性之間的目光。女性經常都會非常在意，自己是否具有比其他女性更多優勢、自己的價值大約有多少等。

就算對方是朋友，也會不經意、下意識地豎起這種天線，從頭髮到腳指甲都非常在意。在見面的那瞬間，就會開始評斷對方身上穿的所有東西並且打分數，如果對方有贏了自己的地方就會在內心咒罵一下，但就算因為覺得自己輸了而懊悔，也仍然會微笑的說「妳的項鍊好漂亮喔」。對話之間就是外貌力量互相比拼的場合，波濤洶湧。

穿著打扮整齊清潔，笑容滿面活力十足回答他人問題，可以給人好印象。因此，也會有人以外貌來提升自己的價值。

照護

意　　義	幫助或者看護病人又或老人的生活及身心
類 似 詞	長照／照顧
場　　所	家庭／照護設施／醫院

爸媽的照護問題，經常會成為家庭內紛爭的火種。誰要負責去照護、誰要負擔照護的費用等等。問題可是堆積如山。

姊妹之間比較容易被交付照護工作的，就是尚未出嫁的女兒。雖然大家都會認為，單身應該比較輕鬆吧，但通常當事者自己也有工作、如果考慮離職，將來要回歸職場也很困難。又不能找其他姊妹幫忙，如果對於雙親感到煩躁不已又會討厭自己，並且惡性循環。家庭主婦和媳婦也是一樣的情況。另外，若是自己的爸媽發生老人癡呆的話，女兒的打擊會很大。**現實中有很多人不知何時起變得非常緊繃、被不知盡頭何在的照護工作壓力給壓垮**。請不要一個人獨自面對，也可以使用地方有關單位的服務等，思考各式各樣的方法才行。

> 家事或者照護活動是女性的工作，目前的家庭生活仍然有這樣的社會風氣。除了照護方法以外，也必須要思考是否能夠找到緩和照護壓力的方法才行。

哎～選哪個好呢～

妳呢。都非常適合。

購物

意　　義	購買東西
類 似 詞	逛街／購買
使用方式	明天就去購物轉換心情吧

女性當中有許多人會斷言自己「興趣是購物」。如果有想要的東西，男性會在比較商品之後，購買他覺得就是這個的品項。通常是時間短暫、重視規格、有效率的購物。而女性在想到「想要買」的瞬間開始，就會想像那是否適合自己、與賣場的店員閒聊、把自己買的東西上傳到SNS等等，會享受這些伴隨著購物而來的流程。到處逛各種賣場走走看看、一邊和店員對話等，尋找能夠觸動自己心弦的東西。

女性會找出購買東西這件事附加的樂趣。所以，如果店家的氣氛、或者店員的態度不好，那麼就會覺得購物的樂趣減半，就算想要的東西就在眼前，也可能不買就走了。

> 女性很容易將買東西作為發洩壓力的出口，進而沉迷其中。很容易耽溺於購買物品瞬間的快感而演變為購物成癮（→P45），因此要多加注意。

背地壞話

意　　義	在當事者不在的時候說那個人的壞話
類　似　詞	中傷／誹謗
使用方式	前輩每天都在背地裡說別人的壞話，實在受不了

背地壞話是指當事者不在場的時候，說那個人的壞話，如果贊同的人越多，那麼氣氛就會更加熱烈，甚至會隨口說起不一定有發生的事情。由於這是日常生活的一部分，也有些人根本沒有自覺是在說別人壞話，非常地糟糕。

更加可怕的是看似感情很好的朋友，卻在那個人不在的時候平心靜氣地說著對方的壞話。會發生這種事情的根本，就是對於另一個人的嫉妒心。**如果原先以為和自己同等的朋友，在某方面變得非常傑出，那麼就很容易刺激到自己的自卑之處而轉變為憤怒。**由於是非常親近的朋友關係，就更令人不舒服了。也有些人是朋友交到男朋友以後，就態度驟變口出惡言的。

到處都有說別人壞話的人。其實只是因為他們自己感到不滿足，因此攻擊別人、藉此出口氣發洩，就算警告他們，對方也不會在意。如果覺得情況很糟糕而責備對方，反而可能火上添油。

美化 APP

意　　義	將智慧型手機拍攝的照片進行加工的APP程式
類　似　詞	照片加工APP
使用方式	用美化APP後宛如他人

看看認識的人上傳到Instagram或者Facebook上的照片雖然也挺開心的，但有許多會讓人覺得「咦？」的照片，實在令人感到煩躁，這也是事實。

當中還有一些用美化APP大量加工後的自拍（→P108）照片，肌膚變得很好、眼睛變大了等等，臉變得像是不認識的人。無法滿足於一般拍攝的照片，將拍好的照片使用加工APP處理過後才傳給朋友、上傳到SNS等等。朋友們想用智慧型手機拍照的時候，說沒用APP就不拍的人，大多是使用加工APP成癮。

如果只是稍微處理一下也就算了，**但若是讓人覺得太過火的照片，反而可能造成不良印象，那就本末倒置了。**

加工過度的照片可能給人不良印象。如果只對自己加工後的照片滿意的話，那麼就有可能是加工APP成癮。

粗魯

意　義	不太在意小細節、隨性的樣子
類似詞	粗線條／粗野
使用方式	我被警告不要講話那麼粗魯

言　行舉止不夠穩定、也不太注重細節之處，這種人很容易被說過於粗魯。尤其若行為者是女性，通常評價都會大幅下降。粗魯的女性會被說沒有女人味（→P67）、女子力（→P115）太低等。這種評價方式的背後，很明顯能夠看出，認為女人就應該要會體貼他人、以細緻的動作接待他人的才是女人，這種**單方面對於女性的要求及偏見**。話雖如此，通常粗魯之人的行為很容易讓周遭的氣氛凝重。因為不太留意細節，所以也常不會分辨當下的情境。當然，雖然在整個團體當中會浮現出此人不體貼他人的氣氛，當事者也不會發現這件事情。說「我不太在意小事」這種話只不過是自我中心。說得明白些，**雖然也可以說是不拘小節落落大方的人，但實際上的評價卻是容易給人添麻煩。**

會用腳關門、隨手亂放垃圾的人，經常都會被視為粗魯的女性。會覺得「好麻煩」就是演變為粗魯的前兆。

休閒

意　義	不太拘謹、較為放鬆的樣子
類似詞	輕鬆／放鬆／不拘謹／舒適
使用方式	她非常適合做休閒打扮

自　從開始宣導清涼商務以後，接受員工穿比較輕鬆的辦公室服裝的公司也越來越多。在求才廣告上寫著「可穿辦公室休閒服裝上班」的企業也增加了，不過什麼叫做辦公室休閒服裝呢？應該有許多人抱持著這個疑問。雖然是因為希望大家穿著能讓自己效率更高、工作起來更輕鬆的服裝，所以引進休閒化風格，但那**是為了工作而必須保持最低程度規則的服飾，包含著一直以來的職場倫理觀**，這件事情大家絕對不能忘記。

有時候自己喜歡的服飾，在旁人看來是NG的。不同公司的標準也五花八門。如果有人告訴妳「服裝要稍微收斂些」的話，請老實接受該忠告，配合職場氣氛也是社會人應有的智慧。

所謂辦公室休閒，並不是「在辦公室穿休閒服裝」。在職場上需要的是不會造成其他人不愉快、令人感覺乾淨俐落及謙虛的服裝。

價值觀

意　　義	判斷價值時的標準
類 似 詞	價值標準／價值判斷
使用方式	和價值觀相合的朋友在一起比較輕鬆

我們在決定或者選擇事物的時候，用來作為標準的就是價值觀，這會因人而異。由於生活環境和時間都不同，因此不一樣也是理所當然。正因為大家的價值觀不同，所以與他人往來才會有趣、也才有各種新商品及藝術。

　　但是，卻有些人認為只有自己的價值觀才正確、不斷否定排擠他人的價值觀。有非常高機率讓人感到困擾的，就是「我是為了妳好」這種話。對方會認為因為我是為了妳好才這麼說的，所以妳應該要按照著我說的做。**這就是間接的否定了我方的價值觀，但是對方自己也不見得就是正確的。**在職場上經常會聽到老一輩的人說這種話，而不得不接受。如果不贊同對方的話，這個「我是為了妳好」就會一直持續下去，甚至開始攻擊性的欺壓行為。

> 價值觀不同是理所當然的。請不要否定對方的價值觀、也不要太過堅持自己的價值觀，接受各式各樣的價值觀，才能夠過的快樂有意義。

帥氣

意　　義	樣貌等看起來很棒／憧憬的生活方式
類 似 詞	外觀亮眼／長相端正／俐落／酷
使用方式	她總是俐落帥氣

女性支持的「帥氣女性」，是外在與內在都會讓人忍不住稱讚好棒！兼具各種要素的人。

　　外觀帥氣通常表示服裝品味也不錯。非常明白自己適合什麼樣的服飾，且能穿著打扮自己。這種類型的女性，通常也會適度鍛鍊身體，因此動作和站姿等也非常美麗。工作能幹這點當然是輕而易舉。**擁有自己的想法、內心非常堅強、討厭的事情就會好好的說出NO。**努力不懈怠、不會開口閉口談不公平不滿意。因此就算是喜歡與其他人平起平坐、只要有人比較突出就很容易攻擊對方的女性，也會認為「她真是帥氣」。另外，不拘小節（→P102）的個性也很容易造就帥氣。

> 被認為非常帥氣的女性，並不是很多。正因為是少數派，因此容易成為被認可、被憧憬的對象，支持率也比較高。

忍耐

意　　義	忍著不做某件事情
類 似 詞	忍受
使用方式	因為想瘦下來，所以還是忍著別吃蛋糕吧

不管是在職場、學校還是PTA（P.152）當中，最容易讓人感到「好累」的，大多就是人際關係。當一個人在人際關係上發生問題的時候，很容易就選擇「忍耐」，想法就在於認為只要自己忍耐，事情就可以圓滿解決。

人如果一直忍耐，就會累積壓力、導致內心過於緊繃，結果就很容易受到怒氣支配。這樣一來，**為了消除心中的壓力，就會把這份怒氣發洩到立場比自己渺小的人身上，甚至強迫對方接受自己原先忍耐的那些事情**。如此一來，周遭的氣氛會越來越糟、麻煩也越來越多，被強迫忍耐的人也會繼續增加，結果造成惡性循環。人際關係之間的問題並沒有那麼簡單，但是在負面情緒都被發洩出來之前，還是請先脫離被強迫忍耐事情的環境吧。

就算想要降低忍耐的程度，也最好不要過於期待對方。但可以客觀看看自己的心情，以不打壞人際關係的程度，向對方表達自己的心情。

卡拉OK

意　　義	配合只有伴奏的音樂唱歌，以及相關裝置
類 似 詞	KTV／一人卡拉OK
場　　合	女子聚會／續攤／尾牙

一旦唱起歌來，腦部就會活性化、獲得放鬆的效果。如果使用腹式呼吸來唱歌，還能成為有氧運動、據說也可能達成減肥功效。沒有錯，唱歌對身體很好。因此，**去卡拉OK大聲唱歌便能消除壓力。但是，對於討厭卡拉OK的人來說，這是讓壓力倍增的地方。**

想唱歌的人，並不懂去了卡拉OK卻不唱歌的人的心情。會覺得要是不唱歌的話，不要來就好了、這人真不會配合氣氛、好討厭等等。對於討厭卡拉OK的人來說也一樣，有各種理由，可能自己並不擅長唱歌、又或者是難以拒絕邀請。結果雙方都覺得今天真是無聊，但卡拉OK本身並沒有罪過。另外，不同世代會唱的歌曲也不一樣，因此和不同世代的人去唱歌的時候，還是要多用心些。

明明不想唱歌卻又非唱不可的時候，可以搶先一步唱完。這樣就不必遭受他人執著的問「妳為什麼不唱啊？」的攻擊、比較輕鬆。

第2部⋯女性的人際關係及感情辭典

曬男朋友

意　義	向認識的人展現自己交往的男朋友相關事宜
類 似 詞	秀恩愛／秀男朋友
使用方式	在SNS上曬男朋友

就算是朋友，如果一直聽對方說男朋友的事情，也會覺得厭煩。尤其對方如果是以自豪的心態在說的，那麼應該有非常多人覺得這是種困擾。

　　當事者也許只是因為自己覺得很幸福，希望能分享給大家罷了，但是「他很帥喔」、「這個戒指是他送給我的」、「他在○○上班」等等強調男朋友的能力或者職業等，語帶得意的敘述他是個多麼好的人，其實是**表現出「我能和這麼棒的人交往，就表示我是個好女人，很棒吧」這種蔑視（→P51）他人的自我彰顯欲望。**這樣一來，聽的人會覺得只是在展現恩愛、說些自豪的話而已，也會覺得更加煩躁。雖然一直說男朋友的事情令人厭煩，但是聽的人會覺得煩躁有一部分的原因，也是因為難以壓抑自己對說這些話的人的嫉妒，這點也請大家記得。

> 自豪地說話只是說者滿足，但是對聽的人來說會有點痛苦。尤其是在說男朋友的事情，就更容易成為引發女性嫉妒心的刺激劑。要分享幸福請適可而止。

男朋友的女友們

意　義	交往男性的女性友人
類 似 詞	戀人的女性朋友／男朋友的青梅竹馬
使用方式	男朋友的女友們很礙事

青梅竹馬或者學生時代的朋友是難能可貴的存在，但多少會有人對於男朋友的女性朋友抱持一些扭曲的情感。一起吃飯的時候，如果看見男朋友光顧著回女性朋友傳來的簡訊，便會熊熊燃起妒火。就算男朋友說對方只是普通朋友，也還是倍感煩躁，越是覺得想要多加了解他，就覺得非常羨慕那些了解他不為自己知道一面的那些女性朋友。**嫉妒心與自卑心是一體兩面的，也可以說是對於男朋友執著之心的表徵。**如果不斷發生嫉妒與束縛的話，就很容易與男朋友之間發生嫌隙。認為自己對他來說是比較特別的存在並且對此感到驕傲、還有相信他，就是對於減低嫉妒最有效的方法。但是，如果在女性朋友的面前過於展現出自己是女朋友的樣子，反而會讓對方有敵意，也就容易給對方攻擊的機會。

> 對於女性友人採取不看、不聽、不在意也是方法之一。建議可以與女友們親近些，讓她們成為自己的夥伴。

可愛

意　　義	值得憐愛
類 似 詞	pretty／令人憐愛
使用方式	那女生的聲音好可愛喔

看著朋友的動作覺得好可愛、比想像中的便宜就覺得好可愛、看到食物也覺得好可愛……等等。所有東西都能拿來用「可愛」來形容。只要能夠觸動自己心弦的，都可以用可愛來表示。

　　但是，很難判斷說的人是真心這麼想、或者只是貼心的回應。看到對方的服裝或者拿的東西，就互道「噢那好可愛呢！」事實上也只是社交辭令。有時候聽到別人對自己說「前輩好可愛喔～」的瞬間，也很容易覺得是在耍自己，而且有時候並不是判斷錯誤。「可愛」**能夠表達同感、獲得安心感；也可能是炒熱氣氛的手段；甚至可能是用來作為隱藏牽制對方心情的話語**，並沒有明確的使用規則。

> 「可愛」是用來讓溝通更加圓融的工具。只要說了「好可愛」，那麼人際關係大概就能夠成立，是一種不成文的規定。

可愛之處

意　　義	感覺可愛的地方
類 似 詞	cute／體貼／貼心
使用方式	「被人家說一點都不可愛，總覺得有點消沉」

就算長得漂亮、工作能幹、也有自己的意見、說話有條有理，但若是不太會撒嬌、又沒什麼笑容的話，還是很容易被當作難以應付的女生而被疏遠。如果也不能老實謝罪、不說謝謝、自我主張強烈而不聽從他人意見，那麼就絕對會被認為是一點都不可愛、應該敬而遠之的人。

　　相反地，**如果很會撒嬌又貼心、會老實聽他話的人，就會被認為比較可愛**，成為像吉祥物一樣被疼愛。男性也是一樣的情況，這並不僅侷限於女性，如果女性被男性說「是個不可愛的傢伙」，那麼就表示他可能只是想找個比較能合他意的女性。但是，可愛應該仍然算是一個人的魅力。

> 如果是向他人獻媚，會清楚看到當事者企圖討好對方的樣子，但可愛的人則不一樣。

情緒化

意　　義	失去理性而以行動表現出情緒
類 似 詞	激動／受感情左右
使用方式	應付情緒化的顧客奮鬥了好一番

人類的感情有「開心」、「喜悅」等正面情緒；以及「憤怒」、「悲傷」等負面情緒，實在非常多變化。但是，如果使用「情緒化」這樣的形容，這個「情緒」通常是都是負面情緒。

人在什麼時候會有情緒化反應呢？舉例來說「平常都非常穩重的人，有時會很情緒化」，這種人平常都會壓抑自己的情緒，是經常忍耐（→P73）的類型。一直忍耐到最後就會無法壓抑、情緒也就會爆發出來。以這類人來說，**不應該試圖壓抑自己的情緒，反而應該從平常就減少忍耐的機會、一點一點的排除情緒，這樣才能夠防止情緒爆發**。可以練習伸張自我主張。周遭如果有這種人的話，要小心他身上的負擔、或者過度忍耐，這樣也能夠在某種程度上防範未然。

另一方面，也有些人是平常就很容易情緒化，在他人眼裡看來，就只是個脾氣很糟、自我中心的人罷了。這種人其實也是內心有著糾結的情緒。**可能是在日常生活當中、又或者過去的經驗當中有什麼樣的問題，而那個問題其實大到當事者無法承擔，所以只要一點小事情，情緒就會爆炸**。但是，舉例來說不管在職場有多麼情緒化，都無法解決家裡的問題。原先的問題就是在其他地方，因此隨便攻擊他人也幾乎無法消化自己的情緒。不只如此，還可能因為遠離問題、或者被反擊而使得內心的壓力更加沉重。

●女性比較情緒化，不適合當上司？

不希望由女性當上司，因為她們比較情緒化──。有些人認為，女性很容易歇斯底里、有自己的情緒、太過在意小節等，這樣的上司非常麻煩。

事實上正因為女性自己很容易注重細節，所以會要求部下同樣的事情。另外，在職場上升遷的過程中，如果沒有做出比男性還要高等級，就不會受到好的評價，在這種環境下奮鬥過來的結果，就是對於壓力的抗壓性也比較高。因此一心覺得自己必須做出更能獲得好評的工作、獲得更好的成果。當然對於同事們的期待也會比較高，如果無法獲得自己理想的結果，多少有可能情緒化。但是，其實男性上司也是一樣的。

當對方變得情緒化的時候，自己絕對不可以情緒化。可以聽著對方說的話並感同身受一下；又或者是保持一些距離，不可以一起被情緒耍得團團轉。

機靈

意　　義	非常留心各種細節並且體貼他人
類　似　詞	很貼心／能體貼他人
使用方式	大家都非常仰慕機靈的人

對方想做什麼、為了什麼事情感到困擾，能夠先留意到這些事情、並且在後面推一把或者悄悄行動的人，會被說是很「機靈」。

機靈的人很容易受到周遭之人喜愛、評價也很高。在公司也很受上司喜愛、通常也會受到部下景仰，是職場上不可或缺的人才。通常也很受男性歡迎、結婚後也與公婆相處良好、與其他媽媽們往來也都沒有問題。**和不機靈的女性相比，度過人生風波難關、好好活下去的機率比較高。**這樣一路寫下來，似乎會認為機靈些絕對比較有利、能夠快樂度過人生，但社會當然沒有這麼簡單。

●機靈的女性會被同性排擠

對於非常機靈的女性，周圍的其他女性經常都會投以冷淡的目光。比其他人還要早接起電話、如果拜託她找文件，她也會馬上拋下自己的工作來幫忙，這種非常體貼他人的女性。不會害怕要做什麼事情、也很受上司歡迎。但正是這種樣子，讓周圍的女性們總是排擠當事者。她是這麼機靈，這樣簡直就像是我們一點都不機靈、一點都不能幹一樣，所以覺得對方令大家感到困擾。

公司這個場合需要的是能夠一起有幹勁工作的人，話雖如此，對於工作的貢獻以外，同時也會在意其他女性、尋求同感。而另一方面，就算有人非常機靈，也會希望對方盡量和大家保持在相同的等級，如果太過機靈、一點都沒有考量到和大家站在同一條線上，那麼就很容易被認為是出風頭。這不只是在公司當中，在學校或者社團活動裡也會發生一樣的事情。

在大多數場合中，都會要求大家互相配合，而機靈的女性也容易被認為是好女人。

如果太過拼命想要成為機靈的女性，那麼很可能會被認為多管閒事、反而被疏遠。即使對方不需要幫助，也還是想去幫忙；又或者是希望對方會有所回報等，如果被看透的話就出局了。機靈和多管閒事可是不一樣的。

> 機靈的人雖然評價很高，但也必須多多注意是否變成多管閒事。絕對不可以要求回報。

今年又會繼續唸你找我嗎…叫我結婚…

回鄉

意　　義	新年或中元節等節日回歸鄉里
類 似 詞	回老家／返鄉
場　　所	老家／鄉下

單身者回鄉的時候，最討厭的就是父母或者親戚詢問「有沒有男／女朋友？什麼時候才要結婚？」這種問題。每次回去都被問一樣的問題，會覺得實在不耐煩而舉步維艱不想回老家。年齡越長之後這些問題的壓力會越來越大。難得和朋友見個面，大家都已婚、有了孩子。所有人都問自己「妳怎麼不結婚？是眼光太高吧？」、「單身比較自由很不錯呢。好羨慕喔～」這些根本就是蔑視自己的（→P51）各種花招。

在父母的眼中，也許只是希望孩子幸福而已。但是，背後真正的因素其實在於，**認為結婚才是獨立的古老觀念、維持單身在社會上非常不利、想趕快抱孫子所以還是快點結婚吧等等**，並非真正為女兒著想，而是將自己的**價值觀強加於女兒身上這種非常自私的社會風氣**。如果父母子女的感情不好，那麼關係就會更加惡化。雖然覺得偶爾也得去爸媽面前露個臉、或者覺得想和朋友見見面，腦中也會浮現那些話語，回鄉的機會就會越來越少。

●媳婦在丈夫老家遭受霸凌

一樣讓人心情沉重的，就是回丈夫老家去。車站月台上爸媽笑容滿面緊擁孫子，這種場面總是在新年或掃墓時分能在電視畫面上看見。但實際上在畫面的角落，卻有個內心低語著「好苦悶啊」的妻子，這在全國都一樣。

會苦悶的原因就是婆媳關係。到了現代，關係性雖然已稍有改變，但顯而易見地，**仍然因為都是女人，所以要求比較嚴苛**。媳婦對於這些事情雖然也明白、抱持著某種覺悟前來，但不管怎麼用心做家事還是會被說三道四，最後可能下定決心回嘴，甚至幾乎想吶喊著我絕對不會再來了。

若是沒有孩子，還會加上「真想早點抱孫子啊」的攻擊，憤怒瞬間到達燃點。**最糟糕的就是，婆婆其實並沒有惡意。她並不認為這是在惹人嫌。**對於小姑那種毫不客氣的行為憤怒在心頭、接待各路親戚忙得暈頭轉向，就算知道事情不可能順自己的心，一趟鬱鬱寡歡筋疲力盡的回鄉行程還是不斷上演。

雖然見見爸媽也很重要，但還是要記得休假是要拿來休息的，有時候還是必須要以自己的想法為優先才行。或者回鄉的時候就當成自己是在做義工，這樣心情上可能也會比較輕鬆。

辣妹

意　義	女高中生
類似詞	女孩／妹子／JK／JC
使用方式	高中時候畫了辣妹妝

提到辣妹，就一定會想到1990年代，金髮或帶金蔥的髮型、抹得超厚重的誇張妝容一時蔚為風潮，總覺得看上去並不是那麼美麗。不過現在的辣妹也可以是棕髮或者黑髮。妝容也不再有那麼多貼片裝飾、有許多自然妝容；服飾方面也有休閒風格、卡莉怪妞風格、性感風格等等，可以選擇自己喜歡的領域。**辣妹這個詞的意思在20年來已經大幅改變。當今的辣妹風格是有清潔感的乾淨女孩。**

她們經常會使用Twitter或Facebook等SNS（→P57）互相聯繫，當然LINE上的交流也是不可或缺的。就算沒有見到面，也總是在一起。她們會使用自己人才明白的語言、在獨特的文化當中過活。

> 辣妹這種稱呼給人的印象已經有了大幅變化，但是經常與朋友聯繫這種想法、以及打造獨特世界等方面並沒有改變。

我懂超棒的♥
哇帥哥超棒的。

同理心

意　義	對於他人的想法及感情，自己也感同身受
類似詞	同感／共鳴／共感
使用方式	找人商量煩惱，對方也具備同理心讓人感覺心情安穩

所謂同理心，是指將對方感受、思考的事情當成自己的事情接納，一起感到喜悅或者悲傷。**女性的同理心較強、也有尋求周遭人同感的傾向。**在對話當中經常會出現「我懂～」、「就是說啊～」等回應，就是這種傾向的表徵。說話獲得他人同感便能感到安心、也會與對方更加親近。因此，也會希望有煩惱的時候，別人能夠一起思考、一起為自己煩惱。如果想為對方提出解決方法，在那之前要留心先說些貼心的「很辛苦對吧，我懂」等等，與對方的心情同調。有同理心的人比較容易獲得信賴。

但若是同理心過於強烈，很可能被對方的感情吞噬而感到非常疲憊，因此最重要的就是面對他人的時候，千萬不要失去自我。

> 女性較具同理心，大多數能夠理解其他人的感情及心情，有同理心的話也比較容易獲得周遭的信賴。

裝有興趣

意　義	裝成對於特定對象特別關心的樣子
類似詞	假裝有興趣／偽裝成有興趣
使用方式	裝成對那部電影有興趣

有時候明明沒有興趣，卻得要裝成有興趣的樣子，**這是在社會上生存的處世之道之一**。明明不想去參加聯誼，卻裝成非常有興趣的樣子詢問「會有些什麼人來啊～？」；或者朋友正在曬男朋友（→P74）的時候，就算心裡想著「又來了」，還是會假裝著「噢，然後呢？」一副有興趣的樣子。雖然「裝有」是挺苦悶的，但如果現場氣氛沒有弄好，之後很可能會在許多方面造成不良影響，所以也不得不做了。尤其是女性之間的對話，如果出現了否定話語，很容易造成友情關係的龜裂，為了要撐過那段時間，請把「裝有」當成一種必備小工具。對人有興趣是非常重要的。一直「裝有」雖然辛苦了些，但另一方面，也可能是遇到真正有興趣事物的契機。

> 看著對方的臉、一邊露出公關用笑容且適當做出回應，是社會人士必須具備的技能。如此一來也會被評價為溝通能力好。

虛榮心

意　義	讓自己比實際上看起來更棒而裝腔作勢的心情
類似詞	自豪
使用方式	被認為虛榮心很強

所謂虛榮心，是指一個人想讓自己看起來比實際上更棒的心理狀態。一個人如果被周遭的人認可，就會產生自尊心，也就覺得自己真的被認可。但是，虛榮心強的人只有**裝腔作勢才能夠保持自尊心**。因此，很容易使用謊言或欺騙來武裝自己、使自己看起來更好。

　　明明沒有人問，卻自豪地說起丈夫的職稱、孩子的成績等等，全身上下充滿與其收入不合的名牌，通常也會被判斷為虛榮心很強。這類人具有比其他人強烈的優越感，認為自己是大家的中心、是非常棒的人。但即使如此，他還是不會感到滿意，因此扮演一個更好的自己這種行為會越來越誇張。結果就是導致問題越來越嚴重。

> 一般來說，持續說謊或者裝腔作勢會造成壓力，但是虛榮心強的人比較無法感受謊言或者裝腔作勢造成的問題，因此也不容易感到痛苦。

距離感

意　義	與他人的關係之間需要的平衡感
類似詞	不遠不近／親密／剛剛好的關係
使用方式	職場同事詢問私人事情時

由於和對方的距離太接近，結果人際關係反而造成了壓力，我想這是常有的事情。

　　如果太過接近，就很容易看見對方惹人厭的地方。又或者是相反的情況。**由於關係太過接近，因此心安感也會助一臂之力，一不小心就互相插嘴對方的事情。**但是，每個人都有不希望別人踩進來的領域。而那通常是外界難以得知的事情。甚至可能連當事者自己都不知道。

　　要特別小心的就是說別人壞話或者傳聞這類情況。這類話題很容易引起共鳴、炒熱氣氛而跟著湊熱鬧，但如果不是真的非常了解的人，私人話題最好還是適可而止，才是聰明的與人交往方式。

> 自己的隱私，最高原則就是全部都不要公開。就算會被人覺得是冷漠的人，也比感受壓力來得好、可以保持令人感到舒適的距離感。

閃亮亮

意　義	美麗而光輝閃爍的樣子
類似詞	亮晶晶／華麗
場　所	舉辦女性喜愛活動的場所

珠寶首飾、燈飾等等，這些都是女性喜愛的閃亮亮物品。據說女性會喜歡閃亮亮的東西，是與生理期和生產等神秘體驗有關係。**女性經常都有與宇宙相聯繫的意象，而其神秘性讓人聯想到閃亮亮的東西。**無論如何，閃亮亮的東西肯定會刺激到女性的感性。**會戴許多首飾，也是因為想讓自己閃亮亮的，當中也包含著希望自己顯眼些、希望自己看起來比其他女性都還要來得特別。會喜歡閃亮亮的燈飾也是一樣的。**另一方面，若是沒有自信的時候、或者對於什麼感到不安的時候，也會想要尋求閃亮亮的物品。是因為希望能夠用正面的東西，來填補負面的感情及狀況。

> 喜歡閃亮亮東西的人，就是女子度高的證據。但是，如果被負面情緒支配的時候，也會想尋求閃亮亮的東西。

無法住口♪
停不下來

吐苦水

意 義	將煩惱與不安說出口
類似詞	抱怨／不滿／氣惱
場 合	無須顧慮的女性同伴們聚集時

將煩惱與不安都說出口，並且希望其他人有同理心、表達同感（→P79），藉此紓解壓力。女子聚會（→P113）的話題經常是在大吐苦水，理由就是這樣。因此，能夠互聽對方吐苦水的女性們，彼此間的羈絆也比較深。如果是年輕女性，通常比較多工作或者戀愛方面的煩惱；隨著年齡增長，也會有結婚、生產、婆媳問題、夫妻關係的問題，甚至是自己的健康問題等。如果不覺得有壓力，那麼就聽對方說一說吧。如果想說自己的意見，之後再說會比較有效果。**千萬不要在半途插入自己的意見、也不要否定對方。**吐苦水的人，光是說出來就能夠消除一半的煩惱了。剩下的一半，就等到話全部說完以後，再詢問對方最煩惱的是哪個部分，這樣當事者就會發現問題的本質，通常問題也就解決了。

> 如果朋友開始吐苦水，那麼就聽到一個段落，對方比較容易感到滿足。但是，最好不要成為老是「聽苦水的那個人」。

裡子啊
你那衣
服有點
皺皺
呢。

多管閒事

意 義	不具備立場卻表達意見
類似詞	干涉
場 合	婆婆去拜訪媳婦的時候

多管閒事通常是不管三七二十一、針對與自己沒有直接關係的事情發表意見。被說的人當然是感到非常不愉快。甚至可能會想抱怨：「要是對其他人有意見，還不如先想想自己吧」。但是，會對自己多管閒事的對象，通常地位都比自己來得高。母親、婆婆、職場前輩等等，都是非常具代表性的。也許對方只是單純擔心自己，但當中**也有些人是希望對方照自己想法做而多管閒事**。這種人相信自己的想法是正確的、絲毫不懷疑這件事情，就算提出反對意見說「但是我並不這麼想」，對方也會說肯定是妳錯了。如果有人對妳多管閒事，那麼**不要正面反駁對方，請先表示非常感謝對方的意見**。通常對方這樣就會感到滿足了。

> 對於動不動就對他人之事多管閒事的人，總之就先謝過他。就算不採用他的意見，他也應該會感到滿足。

說不停

意　義	說話落落長令人不耐煩
類似詞	煩躁／落落長
使用方式	她一直說個不停煩死了

此條原文「くどくど」（KUDOKUDO）是一種擬態語，表現出話語等不斷反覆重複的樣子。這不僅僅是談話落落長、同時也表示已經說過好幾次一樣的事情，因此聽的人大多會感到非常不耐煩。

會重複好幾次說相同的事情，很可能是因為有什麼事情不好說出口、無法切割出核心部分。如果想要早點結束話題，那麼請努力察覺對方真正想說的話，不經意地將話題帶往那個方向吧。**當中也有些人是非常喜歡說話、只是想一直說下去而已。**一旦被這種人抓住，通常對方是不會放過妳的，很麻煩。也可以告訴對方「我等一下還有事情，如果只會說〇分鐘的話我可以聽妳說」之類的（就算其實沒有事情），設下一個時間限制，這樣就可以不傷感情又能在短時間內結束。

> 對於興致高昂說話的人，也有一個方法就是冷淡對應。如果不要表現出有同感的態度，就很容易營造出不好聊天的氣氛。

互相比較

意　義	總是拿自己與他人做比較
類似詞	嫉妒他人幸福／鄰居家的草皮比較綠
場　合	搞不清楚自己的存在價值時

會拿自己和他人做比較，是**因為非常在意自己在他人目光中看起來如何。**也就是非常自傲、無法忍受自己劣於他人、又或者被認為較為低劣。這樣的話，只要努力做到不要輸給其他人就好，但若是自己改變了，就又覺得是否定自我，這有礙於自傲。容貌、職業、社會地位等通常是主要比較項目，但這些價值標準其實都是相對性的東西，因此無法明確判別優劣。不管怎麼比較，都會陷入無法安心的惡性循環，這是有這類傾向之人的特徵。要改變這種性格，就**不應該想著和別人相比、自己是什麼樣的人，而應該將生活方式的標準轉變為，「自己想成為什麼樣的人。」**如果能以更寬廣的視野來思考，那麼就會明白生存方式什麼的，也沒有絕對的標準可言。

> 會一直與他人比較，通常是沒有明確人生目標的人。請建立一個讓妳熱衷追求、根本沒有空在意他人目光的目標。

聖誕節

意　義	和重要之人一起度過的年底活動
類似詞	平安夜
場　所	情侶很多的景點

對日本人來說，聖誕節已經被認為是個與重要之人一起度過的年底活動。整個街道會被美麗的燈飾裝點，就連百貨公司和餐飲店也都染上聖誕節的顏色。應該沒有比和情人或者所愛的家人一起度過更快樂的吧。但是，雖然整個世界都是清一色的聖誕節風格，卻也有人表示這對於那些不得不自己過節的人，只能說是痛苦的季節。日文當中甚至還把聖誕節（クリスマス）和孤零零（一人ぼっち）兩個詞放在一起創造出新的詞「クリぼっち」。

●不必勉強自己前往熱鬧街區

會覺得聖誕節令人痛苦的人，在人群聚集的活動當中，更容易**因為自己孤家寡人而感到孤獨**。這種女性在社會當中並不少見，但是單身不一定孤獨，這個反論也是事實。

單身沒有情人的女性與相同境遇的女性舉辦的聖誕聚會，就能夠互相吐苦水（→P82）分享感受、也不會覺得有自卑感。

要特別注意的是地點的選擇。最好避開情侶會聚集的時髦餐廳、或者夜景美麗的觀光景點，建議前往和聖誕節沒有直接關係的東方餐廳、又或者是能讓許多人炒熱氣氛的KTV等處，不必勉強自己前往熱鬧街區。只要帶食物去某個人家裡就好。能夠超越驕傲與虛榮往來的朋友，將會是一輩子的寶物。

●就當成每年獎勵自己的一天

如果沒有情人也沒有朋友，這種情況就將聖誕節當成每年一次，是為了自己而過的節日吧。聖誕節的時間正好也是年底。不需要特別想成是西洋的節慶，只要記得是年底，可以把時間拿來大掃除、又或者是把這個節日當成能夠買些比平常豪華的東西、盡量吃喜歡東西的時間，應該也是個不錯的辦法。

> 過聖誕節的方法不是只有一種。正因為感到孤獨，所以可以與能夠分享這種心情的同性朋友加強彼此間的聯繫、又或者是當成用來獎勵自己的好機會。

嗯嗯…

奈奈也同一班沒問題吧？

團體

意　義	複數的人類聚集在一起
類 似 詞	派系／群體／夥伴
場　合	覺得一個人在社會中生存太困難時

有許多女性會喜歡團體行動，是為了要維持孩子以及日常生活、因此負責保護團體。畢竟體力上比男性差，因此不是負責防止外敵入侵，而是加強自己從團體內部維持團體的能力。而當中不可或缺的就是**協調性而非體力**。

●如果弄錯團體的意思，那麼自己也很容易出錯

女性會採取團體行動，在現代也是有益處的。現代社會當中雖然已經不再有猛獸威脅，但是要保護自己不受那些目標為女性的犯罪者攻擊、在男性較佔優勢的社會當中生存，**女性團結一致會比較有效。如果有煩惱就分享給大家，這樣便能一起思考解決方式**。

另一方面，當然也有缺點。跟著團體行動會比較有安心感、相較於只有自己一人時也比較有自信。因此，就很容易發生團體中共享的想法會沒有任何批判、被認為是正確的，且所有人深信不疑，這樣就很容易發生錯誤判斷。舉例來說，也很容易發生霸凌不屬於同一個團體的人。在女性當中特別偏愛團體行動的人，**因為害怕自己一個人，所以就算知道團體執行事情有錯，也不希望被排擠**（→P139），因此不會多說。

●不合群的人是……

也有些人覺得和大家都站同一個方向似乎哪裡怪怪的。也就是不合群的人。雖然有著一些缺點，比如無法隸屬某個團體來獲得安心感、也無法聽取許多意見，但也有著比較容易確保自己的時間、自己的創意等優點。畢竟都是有好有壞，因此要選擇哪種行動，端看那個人的性格。

如果屬於某個團體，那麼最重要的就是保有自己的意見。否則就很容易隨波逐流而下了錯誤的判斷。

LINE群組

意　義	可使3人以上在同一視窗發言的LINE功能
類似詞	留言版／群組聊天
場　合	想要隨時輕鬆和大家聊天的時候

LINE目前已經成為眾人皆知、主要以智慧型手機使用的SNS軟體。除了一對一的對話以外，用在三人以上的聊天（LINE群組）也是個非常方便的溝通工具。應該也有很多人活用，作為SNS的線上女子聚會處吧。

但是，LINE群組有其非常獨特的問題。雖然能夠輕鬆參加，但是**只要有人發言，似乎就得要所有人都有什麼回應，而這點其實頗具壓力**也是很多人的感受。當中也有些人其實和感情不是非常好的人在同一個群組當中，即使如此，那個人生日的時候也還是得送上祝福，就算不是很想參加某個活動，也很難開口說不想去，有許多人面臨這種問題。

●SNS原本是非常輕鬆的

一旦曾經加入某個群組，就**會一直重複著有人發言然後有人回覆，然後變得沒完沒了**，這也是個問題。

如果覺得這已經成為令妳煩惱的問題，那也可能是因為現實生活過得十分充實、又或者另外還有很多煩惱，不希望被LINE打擾。無論如何，如果感受到壓力的話，那麼就簡單的回個「了解」、「感謝告知」等簡單又不會太過失禮的留言吧。

●溝通手段不是只有一種

不過，如果已讀不回或者只回貼圖，有時又會讓人印象不佳，可以補個一兩句說「不好意思，我還在忙先不回囉」。就算有人抱怨妳的回覆，只要**記得溝通工具並不是只有LINE一種，就可以減輕壓力**。當然還有，自己頻繁地一直發言，可能讓別人覺得煩躁。

> 會在意LINE群組禮節的，有時候可能只有妳自己。請把這作為現實溝通的輔助工具。

群眾心理

意　義	在團體當中產生的特殊心理狀態
類 似 詞	現場氣氛／附和他人
場　合	謠言越傳越廣的時候

群眾心理又稱為「群體心理」，是由於隸屬於某個團體當中而打造出的特殊心理狀態。物理上真的在一起時，這個作用會比較強烈，但即使不是如此，就算只是使用網路、隔著電腦，也還是會發生這種心理狀態。

舉例來說，特徵有**「埋沒在團體當中總覺得有種匿名性」**、**「容易隨波逐流」**等等。結果就是一個人的言行舉止，會連鎖性感染到整個團體。

另外，由於會覺得好像獲得匿名特性，也因此容易發生**「人多勢眾膽子變大」**感。一旦膽子變大，就很難進行冷靜的判斷。如果有什麼強烈打擊、或者誘惑等契機，就很可能馬上被其他感情感染，這是很常見的。也因此，群眾心理可以說是非常不穩定、容易變化的。

●也可能發生好的作用⋯⋯

畢竟大家膽子變大了，因此往好的方向走的話，就可能會提出應該要有勇氣、互相激勵、鼓勵彼此互相幫助。但是，群眾心理實在很少會走向這麼好的方向。

若認為自己是群眾的一部分，會因為覺得可仰仗團體、膽子也比較大，因為和大家一起所以就會失去體貼之心及一些顧慮。隱身在團體之中，一旦獲得匿名性帶來的安心感，原本壓抑的攻擊性就很容易全部顯露出來。而只要群眾當中有人感受到恐怖，那麼原先賴以仰仗的巨大群體會全部成為害怕的對象，接二連三的感染給別人。

一旦群體開始暴動奔走，單憑個人是無法阻止的。如此一來，還**請記得千萬不要被群眾心理吞噬、盡可能地冷靜以對。**

容易屈服於權威或者孤獨感之下的人，很容易隨著群眾心理流動。這種人也對此事有所自覺，因此重要的就是面對自己的內心、以自己的想法為優先。

結婚

意　　義	在社會上、公開地成為配偶關係
類 似 詞	成婚／嫁娶／家族關係／夫妻契約
使用方式	「差不多也該談結婚了吧？」

結婚對於女性來說，比男性還來得更加意義重大。雖然這非常不合理，但現況就是女性一旦結婚生子，就可能斷送將來的職涯。另一方面，男性幾乎不會發生這種問題。

結婚、生子就已經非常辛苦了，就連育兒及家事這類都是以女性負擔為主，社會上也普遍覺得理所當然。

結婚後要和其他媽媽往來等、周遭的人際關係也大為變化。也得要建立和公公婆婆的關係。**一言以蔽之，環境會大不相同。**這樣一想不禁覺得，為了自己的職涯也可以選擇不要結婚，就算是有想要結婚，對於適婚期的認知也可能與周遭不太相同。

●最重要的是結婚以外的選擇要多加充實

因此，就會不斷被父母或者周遭的人詢問「妳不結婚嗎？」這是許多單身女性所抱持的壓力。

為了要避免這種壓力，就必須要先知道對方為什麼會問「妳不結婚嗎？」只要知道原因何在，那麼就會有心理準備。名列第一的理由，很可能是因為問話的人自己已經結婚了，想表達一種優越感。這是同年代的朋友非常容易發生的情況，但其實也是因為不想承認自己非常嫉妒妳在工作上表現出色，所以才會說這種話。

想要避免這種情況，妳可以自己開口問對方，**已婚的朋友是怎樣步入結婚這條路的、或者現在過得有多麼幸福。**這樣一來她就會熱衷於宣揚自己有多麼幸福，其他事情就無所謂了。當中可能也有人的結婚生活並不是非常幸福、而且正為此煩惱，這樣的話就會發現想證明自己比妳優越，是多麼空虛的事情。

但是最好的應對方法，還是妳自己要過著非常充實的生活，充實到沒有人會想要問妳那個問題。這是對於所有人，包含只是擔心妳將來的父母，最有效的方法。

> 如果只是隨波逐流，結婚之後也不一定會幸福。建議妳結婚的朋友，其實也許結婚之後正在後悔呢。

聚眾

意　　義	互相表示維護彼此
類 似 詞	共謀／合力／結盟
場　　合	感受到立場站不住腳的時候

自古以來女性的立場就比較弱，並且要守護立場更弱的孩童，因此有著**共享這些弱點來聚眾結盟的傾向**。舉辦女子聚會互吐苦水的關係，也是這種傾向的表徵之一。藉由分享煩惱，使自己更能面對共通的敵人，比方說無理的職場、暴力的丈夫、與男性為中心而對於提升女性地位毫不諒解的社會等等。

聚眾對於女性來說優點非常多。但是就算乍看之下已與人結成同盟，**當中仍可能有女性會非常在意巧妙的階級，必須確認「自己是上位者」才能感到安心**。如果把聚眾結盟這件事情看作是非常堅固的關係，就很容易出現這種煩惱，因此最好不要過於仰仗這種關係。

聚眾是種自我防禦術。請不要獨自煩惱，需要仰賴別人的時候就尋求同性的協助吧！但要注意過於深入可能會被捲入階級問題。

嚴苛批評

意　　義	給予非常低的評價
類 似 詞	惡評／嚴厲批評／說壞話
場　　合	希望別人認為自己比較優秀時

經常嚴苛批評他人者，幾乎都是在孩提時代，監護人等大人就經常批評他的環境中成長。在這種環境下，**會對自我評價非常低、並且經由學習認定嚴苛批評他人是理所當然的**。

有些人會認為攻擊他人這種言行舉止，是自信的一種表徵，但其實只是因為輕視他人毫無顧忌，並不是真正的有自信。只不過是囫圇吞棗那些批評自己的大人們那種思考模式，沒有自己的價值標準。會覺得一定要蔑視他人才行、不能讓他人站在頭上，當然是因為就算被認為只是同等，也會覺得很可怕。

會嚴苛批評他人者，有些是在父母嚴厲批評下長大的。為什麼動不動就批評他人，若想改善的話，首先就得回想原因是否源自於童年經歷。

只是運氣好而已啦。

好厲害～是全學年第一名呢。

哼!!

牽制

意　　義	妨礙對方的行動自由，使得自己有利
類 似 詞	妨礙／橫刀奪取／阻礙／潑冷水
場　　合	發現是敵對關係的時候

如果有人工作成功、又或者是成功談了戀愛，一定會有那種潑冷水說「是靠關係的吧」、「運氣好啦」、「她真的超愛男人」這種話。根本的基礎就在於嫉妒心，對於自己敵手的成功無法老實地感到開心，因此想扯對方的後腿牽制對方。若兩個人是情敵，甚至可能會試圖妨礙讓另外兩個人無法接近、藉此妨礙兩人的關係等。會盡可能使兩人遠離、用盡各種手段。

嫉妒、敵對心不能一括概論是壞事。不想輸給對手這種心情，也會**演變為向上之心、建立目標提升技術，讓自己有所成長。**

> 當有人成功的時候，試圖牽制的人擁有的是嫉妒之心。不想輸給對手的心情能夠轉為正面積極、讓自己有所成長。

然後呢？怎麼樣？

碰

戀愛話題

意　　義	與戀愛相關的聊天話題
類 似 詞	戀愛故事／女性聊天／傳聞
使用方式	和朋友聊戀愛話題說得很開心

日本人非常喜歡戀愛話題，在「源氏物語」等作品當中也有許多戀愛話題場合。現在戀愛話題也仍是女性聊天的固定話題，幾乎一定能把氣氛炒熱。「其實我和A某交往了」、「我喜歡同班的B同學」、「理想男性」、「約會去了哪裡」等總是說也說不完。

對於戀愛經驗較少的女性來說，這種話題也能讓人有學習的地方。和男性是否搭調、交男朋友的方式、前男友的事情、如何從朋友更上層樓變情侶等體驗都會赤裸裸地被提出，因此有很多可供參考的訊息。但如果要自豪的話，請適可而止。如果太過驕傲，那麼聽的人可不會覺得舒服。對於不是很喜歡戀愛話題的人來說，如果一直聊這些事情，也非常有可能造成友情龜裂。

> 戀愛話題通常都能炒熱氣氛。也會有人聊前男友的事情等，戀愛的成功失敗經驗談。要注意不要變成自豪大會。

他還沒有起床，所以我會遲到喲♥

以戀人為中心

意　　義	將情侶之間的關係放在最優先位置、朋友關係與工作等都排在那之後
類 似 詞	戀愛成癮／戀愛體質／共生
使用方式	以戀人為中心的人很難往來

在 1990年代，大黑摩季的「只凝視著妳」一曲大受歡迎（譯註：灌籃高手動畫第一季片尾曲），這完全就是以戀人為中心的女性會唱的歌。女性為了要使戀人開心，會重新整理朋友和男性友人關係、不化妝、興趣也變了。最後除了戀人以外，其他人都消失了。

　　女性如果感到幸福，也會有人覺得這樣也好，但是通常會有①獨立遭到妨礙、對於戀人的依賴度更強；②視野越來越狹窄；③所有事情都以戀人為優先，而對日常生活造成阻礙；④為了配合戀人的想法，壓抑自己的興趣、欲望及渴求；⑤竭力縮減人際關係，導致發生了什麼事情都無法向親朋好友求助，等等缺點。

　　簡單來說，一般的戀愛是因為和另一個人交往，而拓展了人際關係；但是**以戀人為優先，結果人際關係越來越狹窄**，那麼就**有可能是戀愛成癮**。戀愛成癮是指過於熱衷戀愛及迷戀對方，導致本人無法控制自己的狀態。

●就算是對方的要求，也絕對不能斷絕朋友關係

　　若戀人有SM或者戀物癖等比較極端的性癖、又或者是家庭暴力（DV）慣犯，那麼會變得更加悲慘。就算反覆遭受暴力或者異常性行為，也會一心想著「這個人沒有我就活不下去」，結果無法與對方分手。最重要的一點就是，即使是戀人的要求，也絕對不可以斷絕與朋友的關係。**只要還留有人際關係，不管發展成什麼樣的狀況局面，一定都還有人能夠對妳伸出援手。**

啊，我們去下一間店吧～

繼續喝啦～

喉呀～喝太多啦…

晚點聯絡他吧。

男朋友

一旦以戀人為優先，導致人際關係縮減的話，就有可能是戀愛成癮。最重要的就是無論如何都要維持與朋友之間的關係。

今天一定要去了!!

唔

走啊~

公園出道

意　義	帶著幼小孩童的母親到附近的公園打入其他媽媽們的圈子
類似詞	與鄰居往來／媽媽朋友
場　所	自家附近的公園

美國研究者霍姆斯與雷伊曾製作「壓力源目錄」。他們評估日常生活中會造成壓力的各種事項（壓力源）並打上分數，日本也根據此資料製作了上班族、大學生、家庭主婦等各式各樣的「壓力源目錄」。以家庭主婦來說，「與鄰居發生爭執」遠高於「丈夫獨身外派」、「與父母同居」、「丈夫退休」等，是63個項目當中的第14名（※）。由此可見，和鄰居往來的家庭主婦，有多麼耗費心力。

要和附近鄰居往來，公園出道是第一道關卡。帶著幼小的孩子前往附近的公園玩耍，對於新手媽媽來說是非常緊張的大活動。公園裡會有前輩媽媽朋友、以及她們的孩子，必須要能夠打入那個圈子才行。

●請喜歡照顧人的前輩媽媽介紹妳

如果有對新人媽媽非常嚴厲之人、或者有媽媽朋友階級（→P167）、又或是團體當中有老大等情況，很可能被視為外來之人疏遠。一旦被疏遠之後，要再加入媽媽們的圈子就會非常困難，甚至可能得在公園角落自己和孩子兩個人玩耍。

那麼，應該如何是好呢？為了要在公園成功出道，最好是想辦法找到喜歡照顧人的前輩媽媽，試著在公園、超市、醫院等處認識對方，並且請她介紹妳進媽媽們的圈子，這也是一種做法。如果曾有人將妳介紹給公園裡的媽媽們，那麼就比較容易與大家打成一片了。

※「ライフイベント法とストレス度測定」夏目誠、村田弘（1993年）

請大家多多指教。

這為是小笑的媽媽坂田太太。

請多指教~

如果公園出道失敗，會造成非常大的壓力。如果能請前輩媽媽介紹妳進去，就比較容易打入媽媽們的圈子，這樣之後也會比較順利。

聯誼

意　　義	讓第一次見面的男女交流往來的活動。聯合交誼的簡稱
類 似 詞	派對／新人派對／聚餐
場　　所	居酒屋／比較時髦的店家／卡拉OK

聯誼就像是電視綜藝節目上的新人秀一樣。最重要的就是參加的成員要互相幫忙炒熱氣氛，不可以照自己的步調、又或者是為整體氣氛潑冷水，否則會被其他人討厭。

特別必須謹記在心的還有幾點。**已經有戀人的人，最好不要參加。**如果是幫忙湊人頭的，那麼就盡全力炒熱氣氛、用所有方法協助朋友。因為會有不少風險，所以最好不要流露奇怪的性感。

還有就是「**我有男朋友**」這種話也很像走錯棚，最好不要輕易說出口。一開始就這樣告訴大家，雖然是打算表明「我會扮演好炒熱場子的角色」，但這樣男性方面會責備女方召集人「幹嘛找這個人來」；而女性方面則會覺得這是一種「自豪於有戀人」的置高（→P164）行為。

●向召集人女性表達慰勞及感謝之意

另外，**秘密和黃色笑話就別說太多了。**雖然是為了炒熱氣氛，但沒先說好就隨便把其他人的個性、或者不希望別人知道的過去事情、前男友、甚至住的地方也被透露等等，還有當中有人已經有戀人這種事情也應該避談。如果讓人不舒服的話，之後會成為麻煩及吵架的原因。

女性之間的關係，最重要的就是在結束以後，向召集人女性表達慰勞及感謝之意。**電子郵件和LINE也可以，最重要的是不管有多親密，都必須要表達感謝之心。**

聯誼最重要的是成員互助炒熱氣氛。但是步調太快、講太多秘密、黃色笑話等都反為氣氛潑冷水，很容易被周遭冷眼以對。

晚輩

意　義	比自己晚進學校、職場或社團等團體的人
類似詞	後進／後學／年輕人／部下
場　合	學校、職場等會有上下關係的地方

在職場等處有了晚輩以後，會有一些要特別注意的事情。

一個就是**最好要明白晚輩和自己並不擁有等量的知識、他們有許多不知道的事情**。除了那些理應要明白的禮儀及常識、敬語的使用方式、打招呼的方法以外，甚至可能連身為社會人士的基本知識都不明白。進了社會以後，除非假日否則每天都應該要進公司、不可以遲到、如果要休假一定要聯絡公司、就算被責罵也不可以有所反抗，有些人甚至需要別人教他這些基本中的基本事項。

教導的時候，不能只告訴對方「不可以這樣」，最好能夠說明「為什麼不能那樣做」。知道理由的話會理解的比較快，也才能夠應用到其他場合或課題當中。

●自傲心或自我評價高

另外，也有些晚輩非常自傲、或者自我評價非常高，因此就算他發生錯誤或者失敗，最好也不要把他罵得狗血淋頭。若是自尊心（→P106）受到傷害，受到打擊之後會需要花很長的時間恢復，也可能因為反抗而放棄職場等，容易產生負面效果。必須仔細且有邏輯性的說明防止失敗或錯誤的技巧、接受周遭協助的方法等等。並且大大誇獎他雖然方向可能不太對，但也試圖努力挽回失敗或錯誤。

另一方面，以晚輩的立場來說，如果被前輩叮嚀什麼事情時不應該反抗，應該好好聆聽。如果叮嚀來自於與自己有良好關係的前輩，那麼應該是非常恰當的建議。請記得他是為妳著想。

女性當中有非常多人擅長「培育」這個行為。因此，如果晚輩發生了什麼失敗，只要能讓人看出非常有心要做的話，就很容易認可晚輩的心態，而去指導對方。但是，如果晚輩自己疏遠前輩，就像是說「我自己來就行了」而不願意對前輩明說，那麼長幼關係就會不好。

但是也有些事情只有晚輩才知道。或者他們對SNS和網路上等最新消息比較清楚。如果想建立良好的關係，那麼就共享資訊、對雙方都有利。

請抱持著晚輩什麼都不知道的心態接觸對方。絕對不可以把對方罵得狗血淋頭。晚輩也應該把前輩的叮嚀視作是為自己好，要有感恩之心。

鄰居往來

意　　義	與住在附近的人交流、溝通
類 似 詞	聊八卦／公園出道／鄰居爭執
使用方式	希望能好好與鄰居往來

關於與鄰居往來這件事情，在『平成26年版警察白書』報告指出，與鄰居完全沒有往來的人有35.7%、完全不認識其他人的有23.1%。4個人當中就有1個人在地區內沒有任何朋友或認識的人。也許有人會覺得，沒有認識的人也沒關係，但**考量到防範犯罪及防災方面，最好還是要和鄰居稍有往來。**

為了要防止偷窺、色狼等性犯罪、強盜、偷竊、孩童意外等，最好還是和鄰居能見到面的人建立一些人際關係。若長時間不在家，只要有和鄰居打過招呼，遭竊的機率也會下降。

●絕對不可以說壞話

只是，和鄰居往來的時候需要非常留心。絕對不能做的事情就是說別人的壞話。話繞過一圈之後可能會傳入當事者的耳裡；說壞話說得很開心的話，被別人懷疑人格也是無可厚非。如果感覺快了成了說壞話大會，那就找個空檔說「我還有事」然後先行離開才是正確的做法。

●盡可能不要提到過於細節的隱私

盡可能不要提到自己或家人過於細節的隱私。如果對方問妳丈夫的職業，就說是個「上班族」、「自己開店」等就好，千萬不要把「他在某某公司擔任課長」、「他有幾個部下」等過於詳細的資訊都告訴對方。

另外有一點很重要的是，不要長時間都和相同的人在一起。與鄰居往來的基本是「廣、淺」。最好能和多一點人交流。如果和特定的人過於親密，當那個人發生問題的時候、又或者和對方感情變差了，就會很難繼續待在那個地方。

畢竟並不是朋友關係，因此保持一定程度的距離感往來會比較好。

> 最好和住家附近會見到面的鄰居建立一些人際關係。但是不要說太多自己的隱私，也最好避免只和特定的人往來。

小姑

意　　義	丈夫的姊妹
類似詞	大姑
場　　所	丈夫老家／法會

比起婆媳關係，媳婦與小姑的關係也可能不大好。媳婦和小姑通常年齡比較接近，而小姑很容易覺得自己的哥哥或弟弟被搶走，因此容易懷抱著敵對之心。通常也會非常自豪，和兄弟從小時就一起長大，最了解他的可是我。

如果有對兄弟的強烈感情及堅持（兄弟控），那麼對於媳婦就會有著熊熊燃燒的對抗意識。尤其是如果一起住在丈夫的老家，小姑就會自顧自地跑來干涉夫妻生活，如果放著不管，兩人生活就會亂了步調。必須要有方法可以應付小姑才行。

另外，如果小姑是單身住在老家，那麼就會產生婆婆、小姑、媳婦這個三角關係，回鄉到丈夫老家時，很可能會為了家事分攤而產生爭執。

●小姑對策最合宜的，就是找她商量事情

最好的方法就是讓小姑站在自己這邊。

一開始可以找小姑詢問「想知道丈夫的性格和喜好」、「該怎麼和婆婆往來比較好？」等等問題。找她商量事情表示她居於優勢，絕對不會覺得不開心。將對話主導權交給對方，她也比較容易說話，只要自己徹底做好開口問的角色，那麼也比較能看清小姑的思考方式及性格、甚至煩惱等。另外也許她也會告知丈夫小時候的故事、丈夫喜歡孩子哪些地方等等，各種有利的資訊。

接下來就是尋找自己與小姑的共通點。由於世代接近，很可能會有相近的興趣及喜好。只要找到喜歡的連續劇、藝人、演員等共通點，就能夠從那些項目推展話題。

婆婆

小姑

媳婦

媳婦和小姑通常年齡相近，容易對彼此抱持敵對之心。方法是找出共通點，讓小姑站在自己這邊。

育兒社團

意　　義	父母互相交換資訊及幫忙的群組
類 似 詞	養兒社團／媽媽社群
內　　容	戶外遊戲／聆聽煩惱／手工藝／韻律

育兒社團主要是由參加的媽媽們主動營運企劃的社團，通常是親子一起前往參加在居家附近活動的團體。

好處是媽媽們和孩子們都能交到朋友、也可以獲得醫院或幼稚園的最新資訊，但因為大家都是業餘，所以經營上也會比較困難。最常發生的情況就是**熱心參加活動的媽媽和只是「來看看」的媽媽互有不滿，導致整體氣氛變得很糟。**

最好能夠先確認規則寬鬆度、活動內容及頻率、參加費用、孩子的年齡層等等，是否適合自己。如果不想參加社團營運，希望去活動之後就回家，那就比較建議參加地區育兒中心等地方自治團體主辦的社團。

親子都能開拓交友關係，對於了解地區現況資訊有非常大的幫助，但為了好好營運，不可或缺的是協調性。必須認清自己能夠幫忙營運到何等程度。

結婚離職

意　　義	以結婚為理由離職
類 似 詞	結婚退休
使用方法	「聽說某小姐結婚離職！真恭喜她」

決定要結婚，受到職場上所有人祝賀、帶著笑容離去……結婚離職可說是圓滿離職的極致，但公開場合還是應該想成「由於個人因素離職」。就算覺得非常幸福，也不可以過於宣張。

為了避免被其他人認為是放棄自己的工作、或是因為無能才逃避現實去結婚，絕對要做到①**避免將退職日定在旺季**、②**確實完成交接**。只要好好盡到身為社會人士的責任，那麼就沒有人會多說什麼。還請依循公司的規範以及常識，靜靜地準備這些事情吧。

近年來雙薪家庭也增加了不少，即使結婚也仍繼續工作的人正逐漸增加。

想做到順利而幸福的結婚離職，祕訣就在於不要過於興奮。貫徹「做好自己的本分」，不留麻煩給別人，好好盡到自己在公司當中的責任。

第2部 …女性的人際關係及感情辭典

孩子氣

意　　義	實際上年齡已經不是小孩子，但言行舉止卻像個幼兒的樣子
類似詞	精神年齡低／天真／無邪／幼稚／不成熟
使用方式	「不能一直說那麼孩子氣的話呀」

個性孩子氣的人，有幾個特徵：只要一被斥責，馬上就會哭泣；有不喜歡的事情就會鬧脾氣；不聽人說話；語彙及知識過少；喜歡可愛的服裝。但外表上已經非常明顯是個成年人，由於外表**和言行舉止出現落差**，因此很容易變成惹人厭的女人。

　有許多案例是因為在過度保護的環境下長大，因此社會經驗不足；又或者是相反的情況，由於父母過於放任，導致其並未學習好溝通方式等。與這類女性應對的時候，可以**抱持著重新養孩子的心情**。該誇獎的時候就誇獎、教導對方要負責任、請對方遵守最低限度的禮節。只能以毅然的態度忍耐著應對。

> 不管是溝通能力、知識、經驗都非常不成熟，因此應該照字面上的「養育孩子」去應對。

孩子的運動會

意　　義	幼稚園或學校裡家長也會參加的活動之一
相關詞	園遊會／遊戲會
使用方式	孩子的運動會那天一早就去佔位置

原本運動會的主角應該是孩子。而且並不是只有自己的孩子，而是在場所有參加活動的孩子都是主角。有些忘記這件事情的父母就容易引發問題。

　他們會硬是跑去佔地方、如果自己的孩子輸了就噓別人、母親之間互相比較時髦、偷看別人的便當然後背地裡說壞話等等……但運動會並不是父母的聚會。應該要看的是孩子們，而不是他們的爸媽，如果有認識的媽媽，那麼打個招呼也就夠了。如果有那種沒禮貌的家長，**若是對方還在某個程度以下，那麼離開現場就好**。希望大家都能記得，這天是來做什麼的。可以藉此機會想想，自己還是孩子的時候，希望爸媽為自己做些什麼。

> 運動會的主角再怎麼說都是孩子。如果自我中心的想著「要獨佔最好拍影片的位置」、「希望自己看起來是個時髦媽媽」的話，那就走錯地方了。

「何時生？」

意　　義	沒有孩子的夫妻常被問的問題
類 似 詞	「不生嗎？」／真想早點抱孫子／生了孩子才算獨立
使用方式	「妳那邊（兒子媳婦）何時生？」

這是大家結婚2～3年後最常聽見的話。對方也可能只是說說社交辭令，因此最重要的就是不要過度反應。小孩畢竟屬於較為隱私的問題，不管別人說了什麼，都不需要太在意。只要清楚老實地回答「沒有在想這件事情」、「不會特別想要小孩耶」等，對方就不會太過執著。

另外，如果是爸媽或者公婆一直逼問「讓我抱孫子」，或者對於沒辦法懷孕感到煩惱，**很可能會因為罪惡感及壓力而受到傷害**。如果沒辦法老實告知自己的心情，那麼就拿一些對方無法干涉的理由，比如「必須先準備好經濟基礎」、「因為會影響到健康，目前還在和醫生討論」等，來避免對方追問，也是個方法。

> 對於結婚之後沒有小孩這件事情有疑問的人，很可能會不經心地就開口問，但這很可能導致被問的人產生罪惡感及壓力，因此是非常不體貼的問題。

托付孩子

意　　義	將自己的孩子暫時拜託媽媽或朋友照顧
類 似 詞	保母／托嬰
場　　合	因為有事而必須丟下孩子外出時

將孩子托付給別人，可以轉換心情、孩子們也可以玩得很開心。但是，也可能造成受傷或者生病，因此大前提就是與托付對象有一定的信賴關係。為了避免產生麻煩，關於**過敏等餐飲相關事宜、遊戲或電視節目的內容及時間限制、要托付幾點到幾點**，這三件事情務必要先確認好。另外，也可以使用LINE等報告中途經過，還有透過孩子可能會洩漏他知道的個人資訊這點也要多留心。如果被托付對象的負擔過大，很可能會與委託者之間發生嫌隙，因此也要注意對方是否有壓力。如果老是托付給人，對方也可能會產生不滿；又或者雖然不是很想幫忙但又難以拒絕只好接受。請不要老是依靠別人的親切，為了避免發生問題，必須及早應對。

> 如果與父母之間沒有建立信賴關係，是不能夠托付／被托付孩子的。除了要留心安全方面問題以外也要減輕對方負擔，請事前談好必須注意的事情。

諂媚

意　　義	為了討好上司或者異性所做的行為
類 似 詞	討好／獻媚／拋媚眼
場　　合	「那女孩又在諂媚部長」

男性諂媚他人，通常都是為了要出人頭地等利益，**但女性諂媚通常會帶有展現性感的調調**。面對異性時提高聲調、頻繁送上東西、穿著胸口大開的服裝、反應劇烈、大量身體接觸、經常刻意去做分菜等照顧人的工作、無條件贊成對方的意見等，完全就是一副「裝可愛」的舉動，**因此非常容易引起同性的反感**。

有些人是有目的且技巧性地在做這件事情，但也有人是因為沒有自信、害怕被討厭而下意識這麼做。如果不希望被認為自己是在諂媚他人，就請不要受到他人喜好擺佈，請先喜歡自己吧。

> 女性諂媚男性分為刻意與下意識去做的兩種，但都會被同性討厭。如果能夠喜歡自己，那麼就不需要諂媚他人了。

婚活

意　　義	為了找到結婚對象而熱衷進行的活動
類 似 詞	聯誼／相親／婚姻商量／線上配對
使用方式	「明年30歲，現正努力進行婚活」

婚活這個造詞是2007年在日本誕生的。主要活動場所是企業或地方自治團體舉辦的婚活宴會上。會積極參加這類活動的女性稱為「婚活女子」，也經常會與**相同境遇的人意氣相投**。

婚活夥伴是互相支持鼓勵彼此的「夥伴」，但同時也是有著結婚這個相同目標的「競爭對手」。視情況也可能會搶奪同一名男性，關於能夠貫徹公平競爭這點，就看是否具備風度了。如果可能成為敵手，那麼就**將對方視作交換資訊的對象**，保持一點適當距離往來吧。

> 在相親派對等婚活會場上認識的女性們可能會感情很好，但由於對方既是朋友也可能是敵人，關係非常微妙，因此最好不要太深入交往。

保守

意　義	穿著打扮或者思考方式比較內斂性質且老實
類　似　詞	內斂／大小姐／希望穩定／高雅
使用方式	「還是保守的女性比較受歡迎呢」

用來形容女性的個性、價值觀的話，是表示她**不受流行左右、不會做出突發行為、不喜變化、追求穩定與安心**。

　　正因有這種傾向，因此保守的女孩通常會給人「教養良好的小姐」、「賢妻良母借鏡」、「能安心介紹給母親的戀人」這種印象，因此比較受精英男性歡迎。但是，因為不具冒險心且非常在意社會風氣，因此也可以說是無趣。但再怎麼說，這都是百百種個性當中的一種。

　　原本是時尚用語，轉而用來形容「希望穩定」的個性。是否喜愛這種人是個人的自由，並不會因為保守就是好或不好。

糾結

意　義	和他人相比覺得自己屈居劣勢
類　似　詞	劣等情結／劣等感／討厭自己的某部分
使用方式	「我對於自己肥胖一事感到很糾結」

這個詞原先是英文的「complex」，也就是「複合、合成」的意思。是心理學家榮格提倡，用來表達記憶與情感的混合體的詞彙。阿德勒心理學當中將「以劣等感為理由逃避人生課題」一事稱為劣等情結，但在日本，通常會直接將**劣等感本身就稱為情結**（糾結）。

　　日本女性最糾結的，大部分與體型、體重、肌膚、頭髮等容貌相關。雖然對於女性來說，希望看起來美麗是理所當然，但如果發現自己討厭的地方，就很容易接二連三的注意而沒完沒了。可以詢問第三者的意見，客觀的下判斷；或者模仿有同樣情結卻已克服心理障礙的人；又或是將重心放在自己喜歡的地方、提高自我肯定感。

　　女性經常對於自己的外貌抱有劣等感。根本原因就在於自我肯定感很低，只要沒有改善，就很容易繼續產生新的糾結。

打完網球去喝一杯吧～

好！

社團夥伴

意　義	屬於同一個社團的成員
類似詞	同好會夥伴／有共同興趣的朋友
使用方式	「他不是男朋友，只是社團夥伴而已」

社團是有共同興趣的人聚集在一起的團體。在大學時代的社團活動中遇到的夥伴，很可能會成為一輩子的朋友。社會人士的社團和大學的不太一樣，活動局限於星期六日，因此和同伴在一起的時間比較短，但能夠認識**人生經驗、年齡層等幅度更廣的人們**。也有些社團目的就在於不同業種的交流、或者與人相識，在網路上也會有人召集成員。

社團活動是團體進行的東西，因此不可或缺的就是身為社會人士的禮節以及互相協助的態度。不可以說其他成員的壞話、不可以與複數成員有性關係、也不可以打造派系等，這些事情都要多加留意。

一旦進了社會人士社團，就能夠打造出往來於自家及公司間無法獲得的豐富交友關係。請遵守集團活動的禮節、平穩快樂進行活動。

我個性比較不拘小節，所以和男人在一起比較輕鬆～

不拘小節

意　義	不太在意小事情、非常爽快的樣子
類似詞	爽快／俐落／表裡一致
場　合	表現對方個性時

個性上非常不拘小節的女孩子有幾個特徵，回郵件的時候語氣也非常輕淡、不會在意小細節、很能配合他人、也不容易深陷戀愛當中，無論男女對她們的評價都是「很好往來」。

但是，現在也越來越多女性是為了受到周遭歡迎，而刻意表現的不拘小節。就是那種會自己說「唉呀，我很不拘小節的」，自稱不拘小節的女人。這種人通常會**刻意使用比較男性化的語氣、採取蔑視同性的言行舉止，毫無疑問都是演技。**

真正不拘小節的女性，大多都不覺得自己特別不拘小節。另外，落落大方和不貼心也不一樣。只是單純不會對其他人獻媚、黏著別人不放罷了。也不會很難往來。

對事淡薄只隨自己意的不拘小節女性，非常好往來而受到歡迎。但是要特別注意那些會說自己不拘小節的女性！真正不拘小節的人是非常自然的。

有好多
洋裝喔～

姊姊們不要的

三女

意　　義	在長女、次女之後第三個女兒
類似詞	么女
使用方式	「因為是三女，所以長成了愛撒嬌的人」

三女從小時候就是和長女、次女一起過著「團體」生活，因此**擅長打造人際關係、具備良好溝通能力。**就算人很多也不會覺得痛苦，活用與長女及次女在一起的經驗，因此也很擅長應付年長者、上司及社會上地位較高者，能夠竄入他人懷中受到對方疼愛。

服裝、玩具、文具用品等基本上都是長女、次女不要的東西，三女通常在這種狀況下也不會感到不平等或者不滿。但是，會毫無顧忌的說出自己的要求或意見，也會巧妙地交涉、讓自己的要求或意見被接受。經常會造成周遭的反感。

可能因為常被母親和姊姊說要快點做、被教養得非常俐落，因此作為部下或者跟隨者非常有能，也具備決斷能力與行動力，因此有需要的時候也能夠躍起成為領導者。以一個組織成員來說是再好不過。

●容易成為「姊姊的孩子」

另一方面，也非常容易怕寂寞而成為「姊姊的孩子」。由於從小就是長女或次女代替母親照顧她，因此**姊姊就擔任保護者、避風港的角色。**如果有什麼問題或者煩惱，一定會回到姊姊身邊。萬一和姊姊對立、或者疏遠了，那麼就會失去心靈依靠而不知該如何是好。

在母親的眼裡看來，三女永遠都是個孩子。如果有什麼希望的時候，通常都會去找長女說。

三女非常會打造人際關係，溝通能力也很好。會清楚說出自己的意見和主張，也會將周遭環境打造成有利於自己的狀態。

幸福

意　義	承受許多幸運而感到滿足
類似詞	快樂／歡喜／喜悅／歡樂
使用方式	最近都沒有感受到幸福

幸福可能是對於生活或者人生整體感到充足、滿足；也可能只是發生「一些好事」而感受到開心喜悅，有各式各樣不同的開心。就業、結婚、生產等生活中的大事，也可能會帶來暫時的幸福感。

說到底，是否感受到幸福是非常主觀的問題，同樣的事情能否感受到幸福，會因人而異。有人就算無法從周遭承受恩惠，也覺得自己非常幸福；也有人在充滿恩惠的環境當中，卻覺得自己很不幸。

大致上來說自我評價低的女性，多半無法覺得自己承受恩惠而感到幸福。自我評價低的話，就會無法好好接受好的環境及狀況，反而覺得非常不安。她們認為不幸的狀況比較適合自己，甚至會下意識的選擇讓自己不幸。如果自我評價高，雖然沒辦法馬上獲得幸福，但是自我評價高才具備獲得幸福的原動力。

●自我評價低則難以接受他人建言建議

這裡所謂的自我評價高，是指自己**對於自己的人生，有多認可自己**。社會上的成功與名聲並不一定會與幸福成正比。

自我評價高的人，因為可以打從心底認同自己，因此也能寬容對待他人。所以就會傾聽他人的意見及建議。另一方面，自我評價低的人，雖然對自己沒有自信，但因為並不承認這件事情，因此有拒絕他人建議及意見的傾向。又或者是雖然自我評價低卻又很仰賴別人的話，就很容易受到周遭左右，隨波逐流。

> 自我評價高的女性，不管遇到什麼事情都很容易感受到幸福；自我評價低的女性，就算遇到很多好事，仍然會覺得自己不幸。與其追求環境幸福，不如努力提高自我評價。

次女

呆

意　　義	長女之後的第二個女兒
類 似 詞	二女
使用方式	次女將長女視作敵人

對 於次女來說，長女就是個範本、也是敵人。性格很容易變成完全相反。對於父母親來說，長女是第一個女兒，會非常嚴格管教，因此很容易被養育成認真又老實、較保守的性格；相較之下不會那麼嚴格對待次女。甚至可說是自由放任主義的教養模式。

結果就是次女並不太在意周遭的視線及評價，容易成為**自由開放、自我中心、且強烈具備自我意志的女性**。小說、電影或漫畫當中出現的次女，也很容易被描繪成這種個性。

●一旦就業，很容易離家獨立

但是小時候會拼命以長女為範本模仿。由於一直看著身邊姊姊所作所為，因此長女學鋼琴的話，她會說自己也想學，也會把姊姊喜歡的東西當成自己喜歡的。

只要做一樣的事情，就很容易和長女互相比較。如果姊姊比較優秀，就很容易抱持著劣等情結。被父母或周遭的人說：「姊姊做得那麼棒，這孩子不行呢」，之後就會慢慢轉往與姊姊不同方向。

由於自立心旺盛，因此從學校畢業、就業以後，大部分會離家獨立。**溝通能力好、也擅長打造人際關係**，因此工作和私人方面都很容易成功。大部分不像長女那樣受到父母的關懷，因此對於父母的關心也不像長女那麼強。甚至很可能就沒有再回老家。

呼～輕鬆♥

長女和次女的個性很容易完全相反。次女溝通能力好、也擅長打造人際關係，在工作和私人方面都很容易成功。

自我意識過剩

意　　義	過於在意他人如何看待自己的狀態
類 似 詞	羞恥心／怕丟臉／希望他人認可／希望他人為自己喝采
使用方式	那個人自我意識過剩

自我意識區分為**私下的自我意識與公開的自我意識**。如果對於他人如何看待自己非常在意，這種公開自我意識過於強烈，那麼就會非常害怕丟臉，因此會很害怕在人前演講、與初次見面的人會面、在會議上發表自己的意見等。但卻又非常強烈希望別人認可自己，希望其他人會稱讚自己的演講、想讓企劃成功藉此沐浴在讚賞之中。因此會對於理想及現實（自己的能力、技術）的差距感到非常煩惱。另外，私下的自我意識，則會將注意力放在自己的內心、個人的思維方面。

可以先訂立一個小目標，例如與初次見面的人會面時要「看著對方的眼睛說話」，期許自己先做到這點就好。**重複進行這樣的事情就能夠建立起自信心。**

> 如果因為自我意識過剩而不希望丟臉，就沒辦法積極行動。因為無法對自己太過嚴厲，因此可以先訂立小小的目標，執行成功就稱讚自己。

自尊感情

意　　義	對自己評價非常高，認為他人應該尊敬自己
類 似 詞	自尊心／自負／驕傲／自豪／氣派／矜持／架子
場　　合	站在人前受人矚目時

自尊感情（自尊心）強的人如果在人前演講、或者擔任企劃領導者時並不會特別覺得有壓力。他們**希望受到他人認可的欲望非常強烈，被周遭稱讚的時候非常容易感到喜悅**，因此會積極參與這些事情。他們也會感到不安或緊張，但是達成目標的欲望非常強烈，因此也容易讓企劃成功、使自己沐浴在讚賞當中。但這種自尊心並非他們自己認為自己是個有價值的人，而是需要其他人的認可，自己才能夠如此認定，因此很容易為了滿足自尊心而依賴或者要求他人的認可。由於這種想法很容易導致其態度給人高傲的印象，因此周遭的人會覺得他非常傲慢。但其實是一種沒有自信的表徵。

> 自尊感情強烈的人會充滿自信，即使壓力很大的場合當中也不會覺得辛苦。但很容易被認為非常傲慢，因此不要忘記以謙虛的樣子和他人協調。

嫉妒

意　義	覺得他人比自己更受恩惠，因此覺得憎恨、產生妒意
類似詞	吃醋／羨慕
使用方式	嫉妒朋友的成功

如果與自己相同等級、又或者等級比自己低的人，獲得了比自己高的地位、又或者比自己幸福、成就了什麼事情等等，就很容易引發嫉妒心。嫉妒這種心情本身並沒有什麼不好，但通常會伴隨著憎恨、憤怒等情緒，因此容易讓人說一些關於嫉妒對象的**批判、壞話、諷刺、厭惡**的話語。視情況而定甚至可能扯對方後腿、故意傳不好的謠言等，打算讓對方失勢或者將對方拉下來。

嫉妒是一種「尋求平均化的情感」，最麻煩的不是想將自己提高到與對方相等的位置，而是想把對方拉下來到自己這裡。這對任何人都沒有好處。應該要冷靜分析嫉妒對象與自己的不同，知道自己是哪裡不足以後，**補救自己的弱點、發展自己的優點**。只要具備其他人沒有的優勢強項，就不會再嫉妒他人。

●確立自我節奏的生存方式

戀愛的女性很容易被妒火焚身。自己喜歡的人如果喜歡上別人，就會對於那個人產生熊熊妒火。就算沒有那麼嚴重，只要喜歡的人很平常地和其他人對話，也會有種坐立難安的心情。要抹消嫉妒心是很難的，但嫉妒就表示自己的人生被戀愛對象或者其他人耍得團團轉。最重要的還是確立「其他人是其他人；我是我。」**這種不受他人擺佈、保持自我節奏的生存方式。**

> 產生嫉妒這心情本身並沒有什麼不好，但不同情況下可能會試圖扯對方的後腿。容易嫉妒他人的人應該想辦法提升自己的能力，具備一個「這方面我絕對不會輸」的強項。

迷你專欄

嫉妒與獨佔欲

字典上寫著嫉妒是「覺得他人比自己更受恩惠，因此覺得憎恨、產生妒意。又或者對於自己所愛之人將愛情轉向他人時，感到憎恨。」一方面獨佔的解釋則是「獨自佔有」。嫉妒經常會與獨佔欲相連結，除了自己以外還會同時束縛對方的行動，是非常麻煩的問題。

為了要抹消獨佔欲，可以把自己的行動寫在紙上，並且預測如果執行此行為，會產生什麼樣的結果。如果這件事情會造成對方的困擾、又或者是貶損對方的利益，那麼就請告訴自己，還是住手吧。

自拍

意　　義	「自己拍自己」的縮寫。自己拍自己的照片並上傳到SNS等
類 似 詞	拍自己／紀念照
場　　所	旅行目的地／派對／活動

會 毫不間斷、自拍過於頻繁上傳到SNS上的人，有好幾種類型。第一種是**自我彰顯欲及希望他人認可欲望強烈的類型**，他非常懇切希望有人稱讚他、有人認可他。平常的行動也會非常顯眼，經常會考量周遭視線做出行動。第二種是**非常自戀的人**。一起照相的朋友、知名觀光景點、甜點等都不過是讓自己閃閃發光的舞台裝置。對其他人沒有興趣，而且會光明正大的將這件事情說出來，周遭通常也都認可他這樣的個性。第三種則可以說是**自拍成癮**的類型。是將自拍之後上傳到SNS當成最優先要做的事情。當中甚至有人對其他事情都非常疏離、已經妨礙到日常生活。若是太過火的話還請多注意。

> 自拍有幾種類型，可能是自我彰顯欲及希望他人認可欲望強烈、或者自戀，但若是過度成癮的話就要多加注意。

只談自己

意　　義	不管是兩個人對話、還是一大群人聊天，都只說自己的事情
類 似 詞	最愛自己／自我彰顯欲／希望他人認可／自我中心
場　　合	兩個人或是一群人吃飯的時候

只 談自己的人通常**希望他人認可的欲望**非常強烈。這種人會希望他人認可自己是個有價值的存在。這種類型的人，無論時間或者場所、即使是在工作場合上、或者對方並不是多親密的人，也都會一直聊自己的事情，因此很容易被大家敬而遠之。他發出的訊息只有一個意義：「我很厲害對吧。所以你應該要認可我。」無法認可自己的人很容易陷入這種情況。

對話或者溝通是話語的丟接球活動，因此也必須聆聽對方的話語。真的希望對方能夠認可自己，那麼就應該冷靜且合理的判斷**「只有我自己說話，對方並不會給我高度評價」**，然後才與他人對話。說老實話，應該要將心思放在讓自己認可自己才對。

> 只聊自己事情的人有著希望他人認可的強烈欲望，但周遭通常不會認可這種人。請檢視自己的對話，努力認可自己吧。

獎勵自己

意 義	以物品來慰勞自己的努力與辛苦
類 似 詞	稱讚自己
使用方式	為了獎勵自己而買了包包

SNS上經常會有人使用**「獎勵自己」**這個話語。理由有三個。第一個是減肥中卻跑去吃有名的高級甜點，自己的行動產生矛盾（**認知不協調**）。為了在心中抹消這種不協調，因此做為「給非常努力的自己一點獎勵」，藉此好好吃一頓甜點。第二種則是給SNS的讀者看的。是要告知讀者平常並不會吃這麼高級的甜點，但是今天為了給努力的自己一點獎勵，所以才會吃甜點。這是為了防止自己遭受嫉妒或攻擊性情緒的防禦措施。第三種則是以吃甜點等方法，來想辦法跨越壓力的作戰方式。為了要實現這些事情，所以就有了獎勵自己的辦法。

> 會使用「獎勵自己」這個詞彙，是由於消除認知不協調、或保護自己不受嫉妒和攻擊性情緒的防禦、又或者是消除壓力的方法。

自傲

意 義	將自己的能力、成績、持有物品、親人等當成優勢說明
類 似 詞	老王賣瓜／驕傲／高傲／擺架子／自豪
使用方式	又在那邊自傲了

老是說些自傲話題的人，自我彰顯欲及希望他人認可的欲望非常強烈，就像是一直在大喊「要給我高度評價」、「要多多看我」。他們只會想著「我想」、「我要」等，並不會顧慮他人的心情。有些情況當中，他們還會裝成自己什麼都會、有種萬能感，然後蔑視周遭所有人。要打造良好的人際關係非常困難，和其意圖相反，周遭很難認可這種人、也不會給予其高度評價。**以長遠目光來看，大家都會離這種人遠去。**就算是在職場上這種物理上沒辦法離開的地方，周圍的人應該也都會在心理上保持距離。

如果有人一直在聊自己的事情，就要多多注意。很可能會變成自傲話題。也請多傾聽周遭人的談話。

> 自我彰顯欲及希望他人認可的欲望強烈，很難建立良好的人際關係。請不要過於自傲，還是多聽聽別人說話吧。

老家朋友

意　義	出生地附近的朋友
類似詞	青梅竹馬／學校朋友
場　所	度過中小學的老家地區

一旦前往都市的大學，就很容易與高中以前的朋友斷了緣分。就算大學期間每次回到老家都會見面，就職以後也會因為忙碌、也增加了公司上司和同事等其他人際關係，而難以回鄉。但是，**就算與老家的朋友只有一些些的牽連，最好也能繼續維繫關係**。畢竟從小時候就一起長大，對方知道自己的缺點、過去的戀愛等各式各樣的事情，就算長時間沒有見到面，也隨時都能夠接納彼此。如果遇到失戀、工作的重大失敗、發生任何問題，都是一個妳能夠回去的地方，而且因為沒有直接的利害關係，因此對方將會是**能夠給妳客觀建議的人**。和老家的朋友們見見面，心情也會回到過去。如果覺得內心有壓力，那麼就和他們見見面吧。

> 長大成人以後，要有像高中以前那樣什麼話都能說的朋友是非常困難的。就算只有一些些牽連，最好也能維持這份人際關係。

公司宿舍

意　義	公司為了員工準備的住處
類似詞	借住／員工宿舍／宿舍
場　所	就職公司準備的住處／結婚後因為丈夫工作而居住的地方

公司宿舍是指企業為了員工福利而設置讓員工能夠居住的住宅。公司宿舍的好處是房租便宜、利於通勤、因為都在同一間公司工作，因此居民的生活水準比較接近，發生問題的時候也比較容易解決等。另一方面，缺點就是公司宿舍有什麼活動或者規範就一定要遵守，無法避免最低限度與鄰居往來，如果發生什麼爭執或問題，很可能會在公司也坐立難安。另外，還有上司與部下的關係，很可能出了公司卻仍然持續存在。

但是，近年來有公司宿舍的公司並不多。另外雙薪家庭也增加了，因此越來越難產生較緊密的人際關係。只要**保持適當的心理距離、不要不經意地踩入對方的領域**，就能夠避免爭執或麻煩。

> 公司宿舍有房租便宜、利於通勤，且生活水準相似等優點；但也有必須遵守活動及規範的缺點。

婆婆

意 義	配偶（丈夫）的母親
類 似 詞	丈夫的媽
使用方式	「公公是個好人但婆婆啊，唉！」

有許多女性都對於婆媳關係非常苦惱。從前有許多婆婆是因為家中固有習慣、家風、地區風俗習慣、婚喪喜慶的做法、家庭內上下關係等問題而給予媳婦壓力。但近年來似乎有許多婆媳的根本問題都出在**價值觀不同**。

由於出生地區、年齡、經驗、教育方式等不同，經常會造就不同的價值觀。由於其中一方（婆婆）會想將自己的價值觀強加在另一人（媳婦）身上，因此產生嫌隙。婆婆會將不遵從自己價值觀的女性，判斷為「糟糕的媳婦」；而媳婦則覺得強迫自己接受對方價值觀的婆婆非常煩人。

正因為要長久往來，所以身為媳婦，當然還是希望能和婆婆關係好些。因此最好不要因為婆婆的言行舉止就忽喜忽憂。對方也經常是看心情說話的，太過在意只會耗費自己的精神。請維持「婆婆是婆婆；我是我」的心態，不要跟隨著對方的步調走。

拜託婆婆事情也是一種方法。美國的心理學家強・傑柯（Jon Jecker）與大衛・藍迪（David Landy）曾經以實驗證明「如果幫助他人，就會喜歡上幫助的對象」。也許會不想要拜託討厭的婆婆什麼事情，但如果麻煩她「請幫我照顧孩子（對婆婆來說是孫子）」，關係就會有所改變。另外，要明白也可以仰賴丈夫或公公，但如果把他們捲進婆媳問題當中，可能會使關係更加惡化。

●近年來婆婆對媳婦的看法

另一方面，婆婆對於媳婦也有一些想法。舉例來說，明明幫忙做家事、幫忙帶孫子，卻連句道謝也沒有，讓人感到很不滿。又或者甚至有媳婦說：「想見孫子就～」等提出要求。正因為是**婆媳這樣的（偏見）關係**，所以也有為難之處。

媳婦對婆婆不滿，婆婆也會對媳婦不滿。雖然可以仰賴丈夫或公公，但婆媳之間的問題，有時候還是應該老實說出自己的心情。

正月

意　　義	一月份。狹窄一點的定義是指年初的休假
相 關 詞	掃墓／返鄉／過節
場　　合	年底年初／1月1日

正月的時候婆媳問題很容易變得非常顯著。就算平常不會見到面，到了年底年初還是得回丈夫老家，甚至可能得過好幾天。這時候，要在家中如何應對就成了大問題。

如果自己想下廚房，對於婆婆來說這可能是她的**領域範圍**，因此也許會非常討厭別人踏進去。話雖如此，什麼都不做、就坐在一邊的話，就會變成只有婆婆在忙，這樣也會引起紛爭。

同樣的事情也會發生在掃墓的時候。尤其是越鄉下地方，就越會是大批親戚齊聚一堂，準備料理、收拾東西等工作量會大增。最好是能夠先試著溝通，討論應該要怎麼做會比較好。

> 就算沒有住在一起，婆媳也一定會碰到面的就是正月。這幾天要如何好好度過，重點就在於要先談好。

上司 （女性上司）

意　　義	在組織、團隊當中地位比自己高，監督並指導自己的人
類 似 詞	組長／上層／管理階層／職稱較高者／前輩
使用方式	她非常會應付上司

針對個性不同的上司，應對方式也會有所不同，首先應該先注意**女性上司的性格及行動模式**。上司如果是明朗且外向的類型，那麼她對於任何事情都會非常積極、下決定的時候也會好好聆聽周圍意見。這種上司只需要以自己的真面目對待，老實地應對即可。不需要刻意堅強又或者說謊。另一方面，若是思考比較深奧又內向的類型，非常不擅於展現自己以及自己的團隊，很會忍耐、發生一些小事並不會讓她退縮。要向這種上司提出意見或者提案的時候，必須好好提出根據、採用邏輯化的說明。

若是女性上司，對於女性部下來說可能**比較好商量事情**。另外，因為畢竟是相同性別，也可以視為自己幾年後的目標。

> 請先看清楚上司的性格及行動模式。有些時候因為都是女性，所以比較好說話，請好好與上司往來。

女子聚會

意　　義	只有女性聚集在一起，邊吃東西邊聊天很開心的聚會
類 似 詞	女性聚餐／girls talk／真心話大冒險
場　　所	居酒屋／咖啡廳／酒吧／卡拉OK包廂／餐廳／自家

日文當中「女子（女性）」是和「男子（男性）」相對的詞彙，就像是「女性更衣室」、「女廁」這類，基本上不分長幼泛指所有女性。但是後來在九零年代以後，逐漸轉變為用來稱呼並沒有染上男性認定的女人印象的女性。當然，積極使用這種稱呼的就是這些女性。

●與年齡無關，像學生一樣熱鬧

因此，將這個「女子」加上了「聚會」，就表示是指有女性聚集在一起的集會。雖然可以泛指所有女性，但以使用頻率來說，主要還是在學校當中、在學時期使用機率比較高，因此**無論實際年齡是幾歲，都會有回到學生時代的心情，這可說是此詞彙流傳甚廣的重要理由。**

只要提到「要不要辦女子聚會？」通常意思都是「要不要只有女性來熱鬧一下啊？」再加上一些酒精助陣，通常就會大聊特聊在男性面前不好開口的戀愛話題、甚至連性方面相關話題都肆無忌憚大說特說。這對於平常處在以男性為中心的社會當中，感到非常委屈的女性，確實是能夠大肆紓解壓力的場所。

●慎重選擇話題

但是，當然也有不少女性認為「女子聚會都在講一些不能說給男人聽的下流話題」而覺得非常不舒服。另外，也有些女性因為前述理由，所以不是非常喜歡使用「女子」或是「女子聚會」這類詞彙。

現在「女子聚會」這個詞彙似乎已經廣為人知，但因為有這些理由，因此如果要舉辦女子聚會，除了要**考量參加者個性來選擇話題及店家以外，也必須留心成員人選。**

女子聚會是能夠共享女性才有的煩惱及疑問的重要場合。為了不要偏離這個主題，請慎選參加者以及場地。

第2部⋯女性的人際關係及感情辭典

女校

意　義	只收女生入學的國中或高中
類似詞	女生班／女高／女子校園
使用方式	「我是女校出身的！」

女校是女子國中與女子高中的總稱，在日本大多數都是私立學校，另外還有幾間非常難考的國立女校。由於大多是國高中直升的學校，因此有許多學生是六年都在女校裡面。當中還會有幾成會進到女子大學，也就是大約有十年都只與女性生活在學校當中。

無論如何，既然特地去考試、支付高額學費，那麼通常會給人是家中比較富裕且地位較高的家庭當中長大的印象，但並不像世間所認為的那樣，**學校階級其實沒有那麼誇張。入學條件是一樣的**，因此並沒有那麼大的差異。

●女性之間的情感穩固

事實上較為顯著的，是和家人以外的男性非常沒有接觸的機會，就這樣度過多愁善感時期。原本女性就有打造小團體的傾向，如果又是唸女校，這種傾向會更明顯。另外，因為不需要在意異性目光，因此也不會特別想要把自己打造得非常有女人味。如果都是女校出身的人，也都很了解這種情況，因此也比較不會斤斤計較、能夠維持一種俐落的友好關係。**雖然對戀愛也有興趣，但覺得同性情感比較舒適**等等「女校才有」的狀況非常熱烈。

●沒有好壞的天真及純情

從男女同校的學校出身的女性，也許會覺得這些女校出身的人看起來非常獨特。但以全國的女校比例看來，其實並不是那麼特別，如果身邊有感覺比較天真又純情的女性說「我是女校出身的！」感覺就很合理。

如果覺得女校非常舒適，就很容易沉浸於小圈圈當中而疏於戀愛，必須要對缺點有所自覺。

女子力

意　　義	女性的魅力
類 似 詞	女孩子氣／女人的魅力／女人味
使用方式	「那個人的女子力很高呢～」

女子力是用來計量女性魅力的一種指針，不過通常是時尚方面的媒體等用來表示高敏感度的審美意識，將重點放在外貌上的魅力。年輕女性會對這個詞彙敏感度較高，是由於這種能力越高，會對就職活動或者婚活產生較為有利的直接、間接經驗。但是，**如果太過在意這方面的話，女子力就會只注重在外貌方面，也經常會招來同性之間的冰冷目光**。能夠受到同性支持的女子力，是內在與外貌非常調和的女性。越是穿得非常漂亮，只要在遣詞用句或者一舉一動上稍微有些不協調，就反而容易引起周遭矚目，這種現實情況應該要好好理解。

女子力高不高是別人的評價。自己刻意展現女子力很高，會引起反效果。

裝不知情

意　　義	明明知道卻又故意裝成不知道的樣子
類 似 詞	裝沒看見／逃避責任／無視／若無其事／明哲保身
場　　合	夥伴或朋友感到困擾時

同事工作上犯了錯，而某個人偶然發現了……這種時候，大多數人都會裝成不知情的樣子。如果多管閒事的話，很可能會變成自己的責任那就不好了，擺出一副正義凜然的樣子也很可能會招致其他人的怨恨，太可怕了。因為害怕面對這種情況，因此會以事不關己的態度來面對這些事情。但如果必須直接面對的時候，又沒辦法說自己不知道。因此只好睜一隻眼閉一隻眼，來應付這件事情。

說到底，確實不需要把自己硬是推進同事的問題當中，甚至犧牲自己樹立敵人。只要記得那件事情說到底還是同事自己的問題，只要**培養一點勇氣，能夠在不威脅到自己的情況下幫助他人**就好。

過於明顯裝不知情，會失去周遭之人的信賴。有時候鼓起勇氣伸出手幫助對方，也是一種明哲保身的方法。

認識的人

意　義	互相認識的人。或指對方
類似詞	見過面的／關係者／普通朋友
使用方式	「他不是我朋友，只是認識的人」

認識的人就照字面所述，程度上是互相說過話的人，但並不像是情侶或者朋友那樣親密的關係，因此稱之為認識的人。但是，自己身邊有多少這種人，會**對於交戀人或朋友時的交際寬度產生非常大的影響**。這個意思是說，這種人也是非常重要的。不管是多麼親密，也不可能一開始就約定好我們是情侶或朋友。從打招呼做起、慢慢越來越了解對方等等，想必所有人都會經歷「認識的人」這個階段。另外，就算沒有發展成那樣的關係，也很可能因為認識的人，而產生與情人相遇的可能性。總是感嘆自己不受歡迎、沒有朋友的人，很有可能是因為他們過於輕視所謂認識的人。

> 不管是什麼樣的人際關係，都會從認識的人做起。希望能受歡迎、想要交到男女朋友，在那之前都應該從認識許多人做起。

單親媽媽

意　義	一個人養大孩子的女性
類似詞	未婚媽媽／單親
使用方式	下定決心成為單親媽媽

女性下定決心要一個人養大孩子，是非常大的覺悟。尤其是父母或周遭無人協助的情況下，要一邊工作一邊養大孩子真的非常困難。丈夫過世、離婚、未婚生子而選擇成為單親……可能有各種不同的因素，而養育孩童的觀點看來，煩惱真的非常多。其中一個，就是何時能夠告訴其他媽媽（朋友），自己是個單親媽媽。如果是往來不深的媽媽朋友，那麼也許不用特地告知；如果建立了可以告知的良好關係，那麼**有事時對方也能為自己著想**。雖然喜歡說八卦的人會對於「單親媽媽」有偏見，但是不需要理會他們。**將孩子的事情擺在第一，只要為此盡力就好。**

> 決心一個人養大孩子是非常重大的覺悟。每個人都有各種不同的理由，只要和對方建立良好關係就好。

朋友階級

心靈朋友

意　　義	內心互相認可對方的友人
類 似 詞	好朋友／可信友人
使用方式	「我們是彼此唯一的心靈朋友對吧！」

在日文當中稱為「心友」，這個詞彙在日文當中存在已久，辭典當中也有收錄這個詞。但在現代的國中小學生當中，出現了把「心友（心靈朋友）」和「親友（好朋友）」分開使用的現象。除此之外還有「信友（可信友人）」等，最後這個是新的造詞。**在日文當中的發音全部都是「SHINNYUU」，但是使用的漢字不同也表示了不同的階級，這就是使用的重點。**

從結論來說，「心友」指的是**內心互相認可對方的友人**，也可以說是層級上比「好朋友」更高一層的朋友。因為「好朋友」這個詞，似乎在小時候就能隨口說「我們是好朋友對吧」，有種「只是普通好的朋友」的感覺，因此有人這麼說，也不會覺得特別高興，比「心友」位階更高的則是能夠互相信賴的「信友」。

> 每個人都會在心中為朋友分出階級，不過如果明確以語言區分，就很容易引起紛爭。
> 請在自己心中使用就好。

我們不是好朋友嗎。

可以幫我分擔值日生嗎？

讓我看一下功課嘛～♡

好朋友

意　　義	感情好的朋友
類 似 詞	心靈朋友
使用方式	「我以為妳是我的好朋友啊」

在「心靈朋友」條目當中也有解說，「好朋友」是指「感情好的朋友」。也因此原本聽到對方說「妳是我的好朋友」，應該會感到開心才對。但是由於太常使用，因此已經成為一個無足輕重的詞彙。只要還算熟悉的人，都會被列入「好朋友」的範圍內，因此才會造成對於更加推心置腹的朋友，必須以其他詞彙來定義。那就是「心靈朋友」或者「可信友人」。

如果朋友用郵件或者LINE寫了「我認為妳是我的好朋友」，那麼一定會很在意對方的「好朋友」定義究竟為何。說到底，如果是非常貼心的朋友，應該不需要特地寫出「好朋友」還傳給對方，這點也還請稍微察覺。

> 要多加留心一直開口閉口說「好朋友」的人。這表示可能兩人關係雖然親密，
> 但卻不是能夠推心置腹的關係。

一直好朋友

意　義	「一直都會是好朋友」的縮寫
類似詞	感情好
使用方式	「如果幫我轉推，我們就會是一直好朋友！」

這個詞彙是從2000年前半時，辣妹們使用的話語。大約在2012年時由於有人使用辣妹語改寫太宰治的小說「跑吧美樂斯」投稿在推特上，因此引發爆炸性的風潮。

之後在國高中生接近辣妹的女孩子們之間，流行起拍了大頭貼以後寫上「一直好朋友」。**年輕人經常會打造出只有自己人之間流通的話語，而使用這個詞彙本身，就是確認夥伴意識的一種訊號。**但再怎麼說這都是年輕人用語，一般過了某個年紀以後就不會再使用。相反地，如果有人一直使用這種年輕人用語來與他人對話，那麼就表示他在精神上無法完全成為成年人，很可能一直囚禁在過去的人際關係當中。

> 「一直好朋友」是年輕人的用語，因為追隨潮流而使用的。也許能夠成為變親密的契機，但能不能成為真正的好朋友，就要看之後的發展了。

舒壓

意　義	當感受到壓力時的應對方式
類似詞	消除壓力／不累積壓力／消除煩躁
場　所	餐飲店／卡拉OK／健身房／興趣相關社團

覺得壓力累積起來的時候，該如何排除，男女的差異非常大。**相對於男性經常使用運動及飲酒來消除壓力，女性通常會和朋友聊天、或者吃東西來排除壓力。**比起自己一個人吃，女性通常傾向於和朋友一起熱熱鬧鬧吃東西，因此整體上來說比較偏向與人溝通來排除自己的壓力。

據說男性選擇忍受壓力而非排除的比例，比女性高非常多。換句話說，女性比較擅長排除壓力。由於壓力過大很可能會引發重大疾病，因此找到一種符合自己的紓解壓力方式是非常重要的。

> 女性的特徵之一，是藉由與人溝通來排除壓力。只要能夠活用這個特徵，也能夠預防重大身心疾病。

邋遢

意　　義	行動和性格非常骯骯兮兮。以及那樣的人
類似詞	衣裝不整／嫌麻煩
場　　合	該洗的衣服堆積如山時

邋遢的個性根本上是「**嫌麻煩**」的心理。這會導致日常生活及工作上都做不到整頓、在人際關係上對於時間非常不可靠、不擅長使用SNS也無法持續等等。這種人也有非常神經質的一面。很容易對他人反應過度敏感、又或者是對人一舉一動都很在意。因此腦中會不斷被思考淹沒，導致腦中產生各式各樣的負面情感，甚至自己也無法處理。也就是因為內心思考導致**身心陷入疲憊不堪的狀態**。如果筋疲力盡，那麼當然很容易放棄所有事情。即使如此，他們還是會在心中感到自責。而這種動彈不得的狀態，在他人眼中看來就是非常邋遢的樣子。

> 可以先找到一件能讓自己快樂的事情，並且去做、讓自己感到滿足，試著從培育出這種積極的感覺做起。

整型

意　　義	根據美麗意識以改善容貌為目的執行之臨床醫學
類似詞	美容外科／防老化／美容
場　　合	對自己的容貌感到糾結時

有許多對於自己的容貌感到糾結的人，會先熱衷於減肥和化妝。有一部分人即使如此還是無法感到滿足，因此前去美容整型。只是做點小整型，周遭的人就會稱讚「妳最近變漂亮了呢」，因此認可欲望會暫時滿足，但**如果引發精神性的強烈快感，那麼就很容易為了要獲得快感而有越來越嚴重的傾向。**

因為變美麗，而能夠積極向前面對人生的話，那麼當然是好事。但如果已經脫離了原先變美的目的，只是不斷整型，那麼就該注意到是不是內心的問題了。因為這個世間的氛圍，無法讓整型過的女性彼此大方分享體驗，這份孤獨感也是造就整型者只能往自我滿足的世界前進的原因。

> 無法在自我滿足後就結束的過度整型，很可能已經太過火，最好可以接受諮詢。

絕交

意　　義	斷絕朋友關係
類　似　詞	別離／分手／斷絕往來
場　　合	和班上同學吵架的時候

所謂絕交，是指斷絕關係，和「疏遠」不同，是讓對方明確知道的態度。不接電話、刪除LINE及郵件、將對方設定為拒接等等。如果這麼做的話，對方應該也會明白自己的意思。會完全表現出絕交意識的人，**有著「非黑即白」的極端想法**。對自己沒有益處的對象就不往來，且個性上會態度非常明確。雖然有時的確會奏效，但也會嚴重傷害對方、甚至自己做的事情會像迴力鏢一樣回到自己身上，造成自己受到重大傷害。

雖然俐落下決定通常很受鼓勵，但**必須具備對他人的同理心、試著讓心靈柔軟一些**，否則很可能會在某處絆倒。

過於極端的言行舉止反而容易造成問題。平常就應該培養出能力，對於各種事物都能仔細且儘早應對的能力。

貴婦

意　　義	優雅的有錢人
類　似　詞	名人／知名人士／名家／明星／大人物
使用方式	住在高樓大廈的貴婦

日文當中的貴婦是來自英文的「celebrity」，原本的意思是指「受大眾矚目的人」。而到了日本，由於會聯想到「出現在媒體上的人＝有錢人」，因此在一般民眾當中也會把富裕且優雅之人稱為「貴婦（名流）」。**自認是貴婦名流者，會以其價值觀打造生活方式，因此交友關係自然也都是一些貴婦名流**。只要讓孩子進入有名的私立幼稚園就讀，其他家長當然也都是貴婦名流；如果住進高樓大廈，那麼附近的居民多半也都是貴婦名流。港區的餐廳、美容沙龍、瑜珈教室等處也是如此。共享相同價值觀的人，其人際關係乍看之下非常安穩，但其實當中有些非常巧妙的爭相炫耀比較。甚至有些時候，會面臨當事者是否為真正的貴婦名流的問題。

為了虛榮而裝作是貴婦名流的樣子，一定會有過於勉強的地方。希望大家能夠拓廣交友關係，保有柔軟的價值觀。

家庭主婦

意　　義	結婚之後專心做家事及育兒的女性
類 似 詞	主婦／太太／夫人
使用方式	家庭主婦並不一定都是人生勝利組

嚴格的定義來說，「家庭主婦」是指沒有從家庭以外的職場獲得收入，只靠丈夫的所得每天努力度過家庭生活的女性。即使到了現代，女性進入社會已經非常普遍，但仍然會與男性有經濟上的落差、以及各種眼睛看不見的差異存在，是非常嚴苛的現實。為了要在這種社會當中生存下去，在疲勞的女性們之間，再次燃起當家庭主婦的意願也很合理。但是，如果仰賴的丈夫收入也因為景氣下滑而當頭棒喝。**為了稍微減輕家中貸款負擔或孩子的學費等，因此有很多人會去打零工，嚴格定義的家庭主婦，現在其實已經越來越稀少了。**

另外，由於生活方式相異，就算一樣是結了婚有孩子，家庭主婦通常還是與雙薪家庭的太太聊不太起來。

近年來女性希望能當專職家庭主婦的意願再度提升。但由於配偶的狀況不同，人生設計圖也可能有大幅變化。

前輩

意　　義	學年、年齡或者經驗年數較多之人
類 似 詞	先進／先驅者／長輩／老鳥
場　　合	工作／學校

就算長大成人，也還是會與所謂前輩有所牽扯。職場上的前輩、前輩媽媽等，比起學生時代的學長姐，可是種類多了更多呢。不擅於與前輩往來的人，很可能必須要回歸基本。確實如果將對方想成前輩，那麼就很容易畏畏縮縮，這樣會有反效果。雖然對長輩應該表示敬意，但打招呼和平常的對話率直些、好好說好好做反而能給人比較好的印象。對於那些會提供建議的前輩，不管是否打算接受內容，請對於對方給予建議這件事情本身表達謝意。**但是，並不需要和前輩感情很好。** 視情況而定，私人的話題只需要在最低限度等，必須保持適當的距離。

和前輩順利往來的方法，就是除了表達敬意以外，維持適當的距離也非常重要。對方是能夠站在自己這邊的可靠夥伴。

商量

意 義	說明煩惱之事，尋求解決的方法
類 似 詞	真心話／吐露心情／告白
使用方式	很能商量煩惱的對象

「**我**不知道該不該和他結婚」、「我和現在的職場不太合」等等，人類有無窮無盡的煩惱，有人會向他人說明自己的煩惱、找人商量；也有人會傾聽煩惱之人的問題。**一般來說經常被人找去商量事情的人，通常有個傾向，就是只會一邊聽對方說一邊點頭。**會找人商量事情的女性，大多不是要尋求解決辦法，只是希望有人傾聽她訴說那些事情。因此，如果有人找妳商量事情，並不需要太過在意要給予對方什麼樣的建議。對於這種人，**只需要一直表達深有同感就可以了。**這樣一來，找妳商量事情的人就會覺得比較舒坦、也會非常感謝妳。但是如果展現出非常好說話的氣氛，就將會有常被人找去商量的煩惱，很可能會因此感到厭煩，也要多加注意。

希望找人商量事情的人，內心多半是沒有餘力去推測他人的心情。找人商量的時候也請考量對方的時機。

束縛

意 義	綑綁對方使其失去自由
類 似 詞	支配／征服／絆腳／拘束／監視
場 合	打算不讓對方離開自己身邊

會束縛他人的女性容易採取的行動，是限制對方的交友關係、收到回音前都會一直打電話、又或者不斷傳LINE訊息等等。當中還有些人非得要掌握對方的行程表不可，甚至有人會討厭對方與其他朋友見面。

如果沒有培養出自立心，就會依賴對方成癮（→45）。即使如此，因為沒有自信所以無法相信對方。會產生嫉妒心與猜忌心，就是這類**依賴成癮及沒有自信的表徵。**就算24小時監視對方、就算一直在一起，那份不安也絕對不會消失。有時候對方只要沒把自己放在優先，就會覺得被**背叛而大受打擊。**束縛過強甚至可能會失去對方。

沒有人可以24小時束縛別人。束縛的人應該重新看待那個無法信任對方的自己。

幼稚園畢業典禮

意　　義	孩子唸完幼稚園之後的紀念典禮
類 似 詞	畢業典禮／入園典禮
使用方式	「入園典禮和畢業典禮該怎麼辦？」

幼稚園畢業典禮對於父母來說是表現的舞台。父母親還年輕、仍是非常在意他人評價的年紀，因此也**潛藏著媽媽朋友之間的明爭暗鬥**。在製作畢業相本的時候，通常家長也會參與，這時候就很容易爭執自己孩子的照片比較少、不要都用某些孩子為主的照片等等。

　　典禮當天雖然不一定會很誇張，但也經常會是媽媽們的服裝秀。越是費力打扮，反而很可能看來很滑稽，於是在之後的謝師宴或者續攤活動上，就可能會有人說他人打扮的壞話。原本這是在私立幼稚園比較常見到的情況，但近年來由於有工作的媽媽越來越多，因此一般學校也開始出現這類傾向。

> 幼稚園畢業典禮再怎麼說，都是以孩子為主的活動。不要太過在意其他媽媽的評價，必須要以家長的身分冷靜應對。

減肥

意　　義	將身型減為美麗樣貌
類 似 詞	運動／體重管理／營養管理／餐飲限制／糖質OFF
場　　合	為了夏季薄衣而注重體重時

除了健康考量以外，女性站在被選擇的立場上，必然會走向追求外觀美麗的趨勢。首先最重要的就是與異性相遇。為了要增加不經意的相遇機會，磨練外在會比內在來得快速容易，另外也比較容易有一定規則。據說原本男性應該是喜歡稍微豐腴的女性，但是社會上氾濫的清涼寫真及女性時尚雜誌等，上面的模特兒都是苗條性感的樣貌。也因此**形成外貌與減肥畫上等號**。但是，減肥會與飲食習慣大有關係，很可能連周遭的人也被捲入這件事情。如果有志同道合的減肥夥伴，那麼行動上也比較容易、能夠互相激勵，容易達成目標。

> 過度減肥很可能對人際關係造成不良影響。最重要的是認可現在的自己（或者對方）。

第六感

意　　義	無法合理說明的敏銳感覺
類 似 詞	靈光乍現／靈感／直覺／預感
場　　合	看穿對方變化時

所謂第六感是指五感以外敏銳感受到事物、彷彿讀取他人心思的感覺。無法證明這種感受存在、也無法清楚說明，但如果覺得「好像是這樣？」並且非常準確的話，那麼就可以算是第六感的運作了。

女性比男性容易有第六感，可以推測是由於女性的腦部在試圖溝通的機能方面比較優秀。朋友或同事身上戴的東西變了、他的樣子和平常看起來不一樣，很容易注意到這種微小的變化，經常留心要進行溝通。由於對他人產生興趣，因此會收集、分析一些細節資訊，結果就變成了敏銳的感覺。這就是為何連自己都沒有注意到的變化，對方會注意到的理由。我們無法否定有那種超越五感、無法說明的感覺。

被認為有第六感的，通常是由於女性特有、容易關注他人的特質。基本上就是仔細觀察對方，理清感覺並收集資訊。

兩對約會

意　　義	兩組情侶一起約會
類 似 詞	團體交往／聯誼／派對
場　　所	遊樂園／烤肉／一日旅行

所謂兩對約會，一般來說是指兩組男女一起外出約會。不管是各自分別為情侶，或者不是情侶，都可以說是兩對約會。不過前者和後者的心態會有極大差異。

如果當中還沒有情侶，那麼就很容易同性一組，沒有特別想著要行動的話，就很難打造出約會的氣氛。如果有喜歡的對象，就和朋友商量一下，請對方營造讓你們兩人獨處的時機，讓妳可以順利一點。

相反地，若是兩組情侶進行兩對約會，如果不是四個人說好一起出去的話，就很可能當中有人想著「兩個人還比較好」而鬧得不開心。最好是把大家都是能夠告訴對方自己想法的**親密關係也列入活動條件比較好。**

兩對約會會因目的及成員結構而在活動上有所變化。為了避免同性一組，最好事前先談好。

釣到金龜婿

意　　義	女性與有錢男性結婚而過著富裕生活
類 似 詞	當貴婦／良緣
使用方式	培養女子力（→P115）釣到金龜婿

女性與經濟上較為富裕的男性結婚，讓自己也過著富裕的生活就稱為釣到金龜婿。雖然不是所有女性都夢想著要釣到金龜婿，但現在的社會上，還是非常強烈認為結婚之後支撐家計的是男性、而做所有家事與負責育兒的則是女性。**希望能當家庭主婦的女性，大多有著寄望配偶有一定經濟能力的傾向**。既然要釣到金龜婿，那麼就只會將目光放在較為富裕的男性身上。

目標是釣到金龜婿的女性，會為了找到對象而前往高級健身房、磨練料理手藝、前往沙龍培養女子力等等是一定的。**為了要朝目標前進，需要積極性及每天的努力**。在團體當中若是有人釣到金龜婿，肯定會成為話題。

> 夢想是釣到金龜婿的女性，除了磨練自己以外，也是為了要遇到理想的對象而非常積極。

大樓

意　　義	高樓大廈的意思
類 似 詞	高樓
場　　所	衛星都市／河岸

有些人非常憧憬那些立於都市周邊河岸地帶等處的大樓。以家族來說通常需要3LDK，但1LDK也很受單身女性歡迎。一般來說大樓的定義是「高度超過60m的建築物」（日本建築基準法第20條），從較高樓層窗戶眺望出去，會有君臨天下的感覺。因此高樓大廈的居民就會出現等級制度。也就是說，如果不是住在較高樓層，就不會有住在高樓大廈的感覺。**基本上大樓內的人際關係是封閉的，因此被認定在下層位置的主婦，就很容易受到屈辱……非常有可能這樣**。實在不建議為了夜景就決定入住高樓大廈。

> 如果有足夠的收入、能夠爬到階級較高的位置，那麼住在高樓大廈也不壞。但要先有所覺悟，與其他住戶的往來會非常密切。

註：LDK。L 是「Living（客廳）」，D 是「Dining（餐廳）」、K 是「Kitchen（廚房）」的簡稱。

團結

意　義	複數的人為了共通的目的而互相協助
類似詞	協調／協力／連帶／羈絆
場　所	學校／職場／宿舍

團結不分男女、都為了各自共通的目的而一起進行某些行為，但男女團結的方式會不太一樣。**相較於男性不太容易與年齡、職稱不同的對象團結；女性並不會在意那些細節條件，就算是初次見面的人也能夠馬上團結在一起。**女性原本在社會上的立場就比較弱，因此經常為了對抗強悍的男性，而被迫團結起來。團結一事首先就是不需要堅持上下關係。但是，這個時候也會有缺點。**女性之間的關係，基本上是橫向連結的，因此基本上不允許任何人突出。**就算團結在一起的團體當中有不喜歡的人，也不得隨意議論，在表面上必須維持開心往來的態度。

> 如果始終只有表面上的往來，那麼無法產生真正的團結力量。有時候還是需要認真面對面、說出真心話討論。

隨丈夫外派

意　義	丈夫派駐海外，妻子一同前往當地居住
類似詞	貴婦／菁英之妻
場　所	在當地舉辦婦女聚會的餐飲店等會場

貿易公司或大使館等，會有隨著丈夫一起前往海外、居住在當地的女性，也就是隨丈夫外派的妻子。因為身分及居所都有保障，因此才能居住在海外，大多數人都會憧憬也是理所當然。相對的，生活環境處在較為封閉的社會，不是居住在日本的主婦可以想像的。**若不是語言能力非常強、就是原本對那片土地非常熟悉，否則隨丈夫外派的妻子勢必會被強制加入當地的婦女聚會。**那裡除了興趣、思考模式、年齡等特性五花八門的人際關係以外，還有著以外派年分、丈夫身分為基礎的強烈階級制度。

另一方面，近年來也有一些隨丈夫外派的妻子會在外派期間做起業務、積極參加社會。也有人因為興趣而在海外成功。

> 外派妻子若曾陷入階級世界就很難跨出來。請留心周遭的人際關係，努力融入當地生活。

恭喜我自己!!

生日

意　　義	生日
類 似 詞	紀念日／出生年月日／生日派對
使用方式	每當生日接近就覺得非常焦慮

重視紀念日的女性非常多。如果戀人能夠記得聖誕節、情人節，並且期待那天要與自己度過的話，那實在非常令人開心。紀念日並不只是單純的紀念日。在如此特別的日子，願意和自己一起度過，這件事情對女性來說非常重要。

●生日是自己的紀念日

如果是聖誕節或情人節等紀念日都會如此想了，那麼生日絕對會更開心。因為**生日是當事者自己的紀念日**，也就是整個日子的主角。

會覺得自己的紀念日非常重要也是理所當然。而端看那個人如何對待自己的生日，就可以知道自己對於對方來說有多重要。說生日就是自我價值的壓力表也不為過。

相反地，只要想想自己是否記得其他人的生日，就知道自己對於那個人的心情強弱。應該幾乎所有人都記得戀人的生日吧。至於朋友和同事，有些人會記得、但也有些人不記得。會記得就是關心對方的證據。

●每當面臨生日，就能感受到女性的變化

另外，女性也對於身體上年齡漸長一事非常敏感。加上生命階段的變化，對於生日的深刻想法也和孩提時代不同，會越來越深奧。

同性之人一起慶祝生日時，也可能因為同是女性而能彼此了解。和夥伴們一起去吃美味的食物、又或者辦驚喜派對等，開心度過的方法也很多。

生日是非常特別的日子。是否記得這天，是對於那個人有沒有興趣的壓力計。這絕對是非常重要的紀念日之一。

地圖

意 義	將地形或者所在地在平面上以簡明易懂方式表現出來的東西
類 似 詞	指標／線索／道路標示／路標／位置圖
場 合	對於前往目的地之路線感到困惑時

據說女性不擅長閱讀地圖。統計數據指出，有很多人認為實際上看著地圖抵達目的地非常困難。拿在手上的地圖搞不清楚東南西北，比較極端的情況是自己朝著反方向走去，其實也很常見。

●如果一心覺得不擅長，就永遠看不懂

　　但真的是這樣嗎？確實有報告指出，如果進行空間認知能力的測驗，男性會獲得比較好的成績。但其實目前普遍認為，**一般社會覺得女性不擅長閱讀地圖，以訛傳訛的情況下當事者女性就算並不是這樣，也會一心認為自己就是這樣**。這叫做「**成見威脅（Stereotype threat）**」，這個機制顯示出人會接受自己所屬團體的偏見。這種情況下，「女性」在自己所屬的團體當中，有著「女性不擅長閱讀地圖」的偏見。

　　這是個偏見的證據就在於，即使是空間認知能力的測驗當中，男性有獲得較好成績的傾向；但若是在不知情的情況下進行的測驗，女性並不一定成績會較低。**如果一心想著不擅長做某件事情，那麼就真的會做不來。**

　　因此，先前覺得自己「不擅長看地圖」的人，請努力告訴自己「其實並不是這麼一回事」，這樣應該可以克服不擅長的感覺。但是，不會看地圖的人其實不分男女。如果真的是這種人，那麼使用智慧型手機的地圖APP，應該會比紙本來的方便。仰賴文明的便利，也是一個解決方法。

男女閱讀地圖的能力並沒有差異。如果明知如此仍然不會看地圖，那麼就只是不會看，與性別無關。請活用地圖APP吧。

長女

意　義	兄弟姊妹中最年長之女性
類似詞	頭胎／長姊如母／長子／姊姊
場　合	照顧別人時

長女的個性最具特徵的，就是父母及兄弟姊妹等，都會期望她表現出長女的樣子，而本人也會因應這些想法。

原本女性**在社會上就很容易被要求需要快速察覺周遭狀況，且採取適當行動。**「機靈」被認為是女人味的重要因素之一。如果是長女，那麼這種傾向就會更加嚴重。

因此，身為長女的女性除了對於兄弟姊妹以外，甚至不只是年紀較小的對象，就連同年代的人也都會照顧。實際上真的非常會照顧人，建議及行動也都誠懇又仔細，如果都是學生的話，會有很多人覺得她非常可靠而令人感謝。也就是在朋友當中也是「姊姊一樣的人」。

但是，如果太過費心在照顧他人方面，也很可能會在不知不覺間累積太多壓力，這點還請有所自覺。

●很會照顧人但有時會站在高處看人

另外，先前一直受照顧的人在有所成長以後，以往那種好似「姊姊對妹妹」的關係，也可能因為被認為像是站在高處看人而遭到疏遠。如果覺得這令妳非常痛苦，那麼擁有長女氣質的女性們，請妳們理解人有自己的領域與他人的領域，**兩者之間務必要保持一定的距離。**如果過於反對他人，那麼自己的人格也會遭到否定而傷了心，很可能會情緒化的攻擊對方。

請不要否定對方，要理解「原來如此，也會有這種想法呢」，並且思考「自己試著構思如何才能實現那個意見」的方向會比較好。

> 長女的性格就是原先女性的特質強化後的個性。如果被認為是站在高處看人、或者關係已經產生壓力，就應該重新檢視。

你專欄

長子的個性

　　心理學家詫摩武俊調查以兄弟姊妹為區別的個性特徵。即使都是長子，哥哥和姊姊的特徵也不同。

哥哥：責任感強／寬容／指導性格／慷慨大方／意志堅強

姊姊：文靜／穩重／內斂／安穩／愛照顧人／親切

整體來說長子都比較不愛說話，對話時是聽話的人，較為內斂。

長男媳婦

意　　義	與長男結婚的女性
類似詞	兒子的媳婦
場　　合	回到丈夫老家的時候

與長男結婚的女性，最常面對的就是婆媳問題。雖然只要結婚，大多數人都會遇上這樣的問題，但對方若是長男，會有許多與其他人不同之處。

最大的問題，就是從繼承的觀點來看，丈夫老家與丈夫本人都會受此牽制。結婚以後馬上就會有「還不生孩子嗎」的強大壓力，好不容易生了，若是女兒又會被說「下一胎要是男的喔」等等，媳婦感受到的壓力會更大。

關於育兒的思考方式也會因為意見不同而有所爭執。尤其是婆婆，**因為與媳婦相同性別，所以很容易有敵對意識。**如果母親吃了（婆婆認定）會對哺乳嬰兒有影響的食物就會出言指責；沒有馬上將哭泣的嬰兒抱起來，就會說「孩子真是太可憐了」責怪母親。不管有多麼努力拉拔孩子，婆婆心中都抱持著我可是已經把孩子養大的過來人自負，認為自己覺得好的事就一定對所有人都好，有著不可動搖的信念。另外也是藉由表達自己的意見，來顯示出地位比媳婦高的心理。

●首先應該由丈夫明確表現出夫妻的態度

這種信念、對於媳婦的敵對意識、對於年事已高且價值觀已綁死的婆婆來說，可能非常難以改變。更重要的是，其實兩個人是各自離開自己的原生家庭，重新組一個家庭這件事情。而這需要夫妻有共同的意志，決定這件事情並面對各自的家庭。

對於這方面越是曖昧的夫妻，婆媳問題就容易越大。首先要請丈夫本人，**明確的表示自己家庭的領域，就算是爸媽「也不可以隨意踏入」。**

會無法對於生下丈夫的婆家表現出敬意，很有可能是因為已經對丈夫沒有信賴感。婆媳問題需要丈夫表現出明確的態度，或者以女性的身分直接告知婆婆，也可能會比較順利。

仔細生活

意　　義	食衣住行都打理完美的生活
類 似 詞	有機生活／花功夫生活
使用方式	非常憧憬仔細過生活

「仔細生活」是指食衣住行每一項都非常精細打造的一種生活方式。由於部落格及相關書籍非常暢銷，因此在憧憬這類生活的人，尤其是成熟女性之間蔚為話題。雖然憧憬使用無添加物的材料做的常備料理、以小蘇打及醋來做家事等，但**其實要這樣仔細生活是非常辛苦的，很可能每天過得沒有閒暇**。也有些人憧憬仔細生活，之後卻感到疲憊。

每個人有不同的生活方式。**不管是模仿什麼人，如果不能過得愉快，就表示自己不適合**。雖然會在意其他人的目光，但其實那也不是其他人看妳的視線，而是自己的念頭與評價，還請了解這件事情。

大家有沒有被那些乍看之下很棒的流行話語耍得團團轉呢？不需要勉強自己做什麼「仔細生活」，最重要的還是過著適合自己的型態。

約會

意　　義	與戀人等關係親密的人為了加深關係而外出
類 似 詞	交往／往來／一日旅行／外宿／兜風
場　　所	餐飲店／飯店／遊樂園／戶外／電影院／公園

對於女性來說，約會是確認自己與非常在意之人關係性不可或缺的機會。女性會藉由多次約會，來確認自己對於此人的心情；相反的也是為了讓自己能夠確信此人對於自己的想法，因此約會是非常重要的。另外，約會的內容也經常會成為**女子聚會（→P113）**等活動上聊的話題。

尤其是剛交往時的故事，**說的人會非常開心、聽的人也可以給予戀愛建議等**，因此雙方都非常開心。如果約會經驗少的話，可能會找人商量該穿什麼、要去哪裡等等。但是**如果聊得太過詳細，就很容易變成炫耀**，這點要多加注意。

剛交往時的事情，會在女子聚會等活動中提起。找人商量或者提建議等，也能加深女性之間的關係。

翻臉如翻書

意　　義	忽然改變原先的態度
類似詞	變臉／愛恨／表裡不一
場　　合	對同性與異性的態度一百八十度大轉變

在同性面前明明非常爽快，在異性面前卻忽然諂媚了起來。當著面的時候明明是非常親密談話的朋友，對方一離開現場卻開始說起那個人的壞話……。這種翻臉像翻書一樣的人，想必大家都認識一兩個。

翻臉如翻書的人，通常對於自己沒有自信。**因為對於真正的自己並沒有自信，因此會扮演另一個自己來與人交往，對於對方的依賴也會加深**。但由於自我否定感無法解決與朋友之間的問題，因此就只能背地裡說出累積的不滿與壞話來發洩壓力。這種人通常會選擇講別人壞話來當話題，是因為缺乏延續其他話題的能力。但是，如果一直這樣翻臉如翻書，周圍的人終究都會發現這件事情，遲早會招來反感。

為了當下有利而翻臉如翻書，以長遠目光來看，很可能就是使自己孤立的原因。

洗手間

意　　義	能夠解決內急、補妝且同時紓解壓力的地方
類似詞	化妝室／廁所／化妝間
場　　合	壓力累積之後

由於可以作為小小紓解壓力之處，**洗手間是非常重要的場所**。女性對於與他人建立良好關係的傾向非常強烈。愉快說話這件事情本身就能紓解壓力，而且如果需要不斷小量釋放壓力，那麼洗手間就是個非常好的藉口。一邊補妝一邊和朋友或者同事交換美味午餐的店家、或者抱怨工作等等。話題是什麼都無所謂，只要能互相傾訴想說的事情，很自然就能聊很久。

回顧過往，小學女孩子總是一群人一起去洗手間對吧。就算內心覺得不是很開心，但只要與團體一起行動，就會產生沒有**脫離團體的安心感**。廁所總給人一種有些恐怖的印象，這可能也是造成多人行動的原因之一。

一起去廁所是聊八卦（→P47）的延長行為。這件事情本身就具有紓解壓力的功效，但被邀的人也許內心並不喜歡。

意 義	相同學年或者同一個班級的人
類 似 詞	同年級／同班同學／同學年
使用方式	無法立足於同學間會非常痛苦

同樣年紀應該有對等關係，但是**同學之間會因為看不見的階級差異而有清楚的上下關係**。這種傾向被稱為學校階級，並不是現在才有的，而是一直都存在的一種人際關係。

一般來說學校階級區分為上中下三層，「上」通常是容貌秀麗、開朗又有趣、運動社團菁英、很會唱和非常顯眼等等，具備這些當中某個或者數個特點的人。

「中」則是沒有「上」那樣顯著的容貌及個性，但在一起的時候也算是開朗的團體，也就是「普通人」。相對的，「下」則是**外貌上樸素而成熟**。階級屬於「上」層的人會壞心眼以「阿宅」、「醜八怪」等歧視用語稱呼他們。社會風潮也是會影響孩子的。

另一方面，在光是要唸書就沒空的升學學校當中，階級化的傾向會比較小。

●就算屬於上層階級也不能安心

男性一樣會有學校階級的問題，但階級對於必須群聚確保安全性的女性來說，是比較深刻的問題。視情況有可能因為「討厭被那種類型的人看」等理由，而做出排擠他人的陰險行為。但是，就算是屬於「上層」階級的，也無法一直維持安心。甚至可以說為了避免從上面被踢下來，必須要做出團體領導者的格調、配合大家的興趣等等，被迫一定要和大家共同行動，非常耗費精神。如果一直進行這種努力，就會變得理所當然。

●如果想脫離階級

就算長大成人，在媽媽朋友之間很可能也會對於階級問題感到非常煩惱。如果想要脫離這種看不見的制度，就應該**早日確立無法動搖的自身**。

就算是同學也會有上下關係。為了要脫離學校階級，除了前往新環境以外，就是要打造不受動搖的自我。

同學會

意　　義	同一個學校出身的人在畢業後連絡感情的聚會
類 似 詞	OG會／班級聚會
場　　所	飯店會場／餐廳

同學會是指從前在同一個學校學習的人為了重溫舊情、互相確認近況而聚集的場所。年輕的時候由於忙於學校升學、職場生活等等，又或者是處理其他問題而沒有心力去想是否要辦同學會、是否要參加等。因此會想要開同學會，通常都是到達一定年紀以後的人才會想的問題。

但是，實際上隨著**年齡增長，遲疑著要不要前去參加同學會的人反而變多**。會舉棋不定，多半是認為自己與他人相比，目前的狀況並不是那麼好的人。

●同學會是自誇大會

同學會上提到的話題，多半都是過去同學們的置高（→P164）大賽。單身還是已婚、有沒有孩子、職業生涯過得如何、收入等等，會互相比較高下，而成果較好的人則會心情頗佳。這就是同學會。

說到底，結婚之後有了孩子的女性，並不一定就是勝利組。剛結婚或者剛產子也許可以算是勝利者，但幾年以後丈夫可能遭到職場辭退、又或者是孩子考試失敗也不一定。隨著年齡增長，姿色也會衰老，也會很在意和從前的同學相比，現在自己的等級如何。

對於只能用外貌來評判人類價值的女性來說，這也是能證明自己存在的東西。因此，會希望以外貌來決勝負。還有些人會將丈夫與孩子錯當成自己的東西，誇耀丈夫與孩子的成功或者職稱，來沉浸在優越感當中，明明就是拿別人的成果來誇耀，自己卻沒有發現這點。

會拼命收集這些能夠自誇的要素，拼死要炫耀出來，其實就**像是在吹噓自己的內心有多麼貧乏**，某些方面看來實在非常可憐。只要可以懂得這點，就能夠以寬容之心前往同學會，或者不想去也沒有關係。只要在SNS上連絡自己想見的人就好了。

> 由於SNS非常發達，因此同學很容易就能連絡上。也可以自己和想見面的同學交流就好。

同步

意　義	配合他人的意見及步調
類似詞	共鳴／共感／意氣相投／追隨／同情
使用方式	「那個人都會馬上跟妳的意見同步呢」

同步除了在言語上表示「我和妳的意見一樣」以外，也包含了在同一個時間點喝飲料、發笑、敬禮等等，這類和對方做相同事情的行動。**這個心理狀態的根本是夥伴意識。**自己對於對方抱持好意、又或者是有同感這件事情，以這樣的方法表現出來。當然男性也會有同步行動。**如果不希望別人討厭自己的想法很強烈，基本上同步行動的比例就會特別高。**另外，也有一些因為在服務業等特定職業場合，養成了同步的習慣。這種方式有時候會用來做為打造良好印象的技巧，但也可以隱藏自己內心真正的想法，因此最好能夠具備看穿這類技巧的能力。

由於夥伴意識強烈、或者不想被他人討厭，就很容易採取同步行動。

同事

意　義	同一個職場上的夥伴。一般通常指階級或職等差不多的人
類似詞	同輩／同僚／夥伴／同期
使用方式	與同事聚餐

如果不是會經常發生亂象的職場也罷，但工作上畢竟還是會犯錯。有些情況下，自己必須要指出同事所犯的錯誤。但若對方是很容易有被害意識的女性，那麼就很難告訴對方這件事情。雖然只是提出工作上的錯誤，但對方**甚至會覺得自己的人格遭到否定。**就算是要指出錯誤，也請不要情緒化指正，最好能用希望或者提議的說「能這樣做的話就太感謝了」，留心要提出較為平靜的說法。

另一方面，因為在差不多的時間進公司等理由，也很容易變得比較親密。這和學生時代的朋友不一樣，可能成為**能夠商量職場煩惱的朋友。**對於所有同事，最好留心與對方保持一個他不會覺得太勉強的內心距離。

職場當中應該要遵守商業禮節規範。基本上不應該和同事說太過負面的話題，並且要保持適當距離感。

同類意識

意　　義	在社會當中認可他人與自己同類的意識
類 似 詞	夥伴意識／同族意識／歸屬感
場　　合	互相談論相同的煩惱及喜悅時

「同類意識」是社會學用語，這表示自己對於他人的認可或同感之意識。因為「都是女性」所以是「同類」；「興趣一樣」所以是「同類」等，這也是人會形成社會的必須條件之一。也就是說，同類意識也是人類的本質。但另一方面，人類也有所謂的個人領域。當然，個人領域會因人而異，**但是對於同性的同類意識若過於強烈，就很容易侵犯他人的個人領域。**

●同類意識會造成有人將自己的價值觀加諸他人身上

女性特性當中有一個是**察覺對方的心情**。是不是夠機靈這件事情，也是一種壓力計。因此女性之間會互相察覺對方心情，會意識到「某某我明白妳的心情，我也是這麼覺得」。但是實際上，並不是所有人都是同類，**其實也並不一定有共通點。**

舉例來說，如果一心想著「女性都很喜歡大聊特聊戀愛話題」的人，就會因為同為女性的同類意識，而強制不喜歡戀愛話題的女性一起聊，這樣對方就會覺得很痛苦。人類的思考方式百百種，就算覺得對方是同類，因此覺得大家的思考模式都是一樣的，就很容易引發問題。

同類意識較強的女性，會對於有不同意識的女性做出否定發言，但結果其實只是為了對方認可自己的判斷及價值觀是正確的。因此這種時候，就應該把話題帶向「我沒有這麼想過呢，真是有趣」、「我覺得妳這樣很棒」，**選擇不要將自己的價值觀加諸對方身上，認可對方吧。**

> 如果是想和大家分享煩惱與喜悅，這樣的同類意識確實應該共享。但也希望大家不要互相將自己的想法強加於他人身上，而應該互相認可。

迷你專欄　個人空間

所有人都有一個他人接近會感覺不愉快的「個人空間」。文化人類學者愛德華・霍爾（Edward T. Hall）製作出個人空間的簡表大致如下。為了維持良好關係，保持距離是非常重要的。

貼近距離…情侶等　接近（0～15cm）／遠離（15～45cm）
個體距離…朋友等　接近（45～75cm）／遠離（75～120cm）
社會距離…商務等　接近（1.2～2m）／遠離（2～3.5m）
公共距離…演講等　接近（3.5～7m）／遠離（7m以上）

抱歉，再來盤就回飽～

沒有好男人呢～

妳我皆單身

意　　義	聚集的人都是單身者
類 似 詞	單身者感同身受／單身貴族
使用方式	「雖然說都是單身不用太拘謹…」

會 聚集參加女子聚會（→P113）的人壓倒性以單身居多。畢竟時間和金錢上比較好調整，因此比較容易聚會。聊天的內容會從工作開始、也有共通的話題。

已婚者會比較重視與丈夫、家人度過時間，如果有孩子的話也被育兒問題追著跑，很難空下私人時間。單身者聚集機會比較多的原因，除了能夠一起度過快樂時間以外，還有就是能夠確認彼此境遇相同、可以把聚會當成互相激勵的場所。

●單身者聚集場所會聊的話題

她們的話題最常見的是「身邊沒有好男人」、「就算有也已經結婚了」等等。又或者是「現在的工作好無聊」、「但是為了活下去還是得工作」等。**藉由大吐苦水、對彼此感同身受，知道不是只有自己這樣而感到安心。**

因此，如果單身夥伴當中有人交了男朋友，甚至是以結婚為前提在和男方交往的話，就會引發非常大的騷動。大家會追根究柢詢問對方男性的身分個性，一開始還會說「喔～好像不錯啊～」、「是很有魅力的人吧」等等稱讚話語，但差不多問完了以後，有時候就會開始講起男性不好的地方……。

其實內心當中也有著羨慕、想祝福對方的心情，但又無法老實恭喜對方，這也是無可奈何。話雖如此，因為自己無法處理這樣的心情，就攻擊對方、甚至出手讓對方過得不幸等，這樣就不好了。如果發現自己有這樣的行為，就必須要調整自己的內心。

另一方面，因為都是單身者，所以會**有許多同感的事情、可以不用太在意時間、好好說話的好處**。尤其如果是有相同興趣的人聚集在一起，即使長大成人以後也還是能建立深厚的朋友關係。

> 如果發現自己在扯別人後腿、又或者是自己被扯後腿，那麼就可以考慮重新建構彼此關係了。

朋友母女

意　　義	以朋友感覺相待的母女
類 似 詞	朋友般的媽媽
場　　合	假日賣場

就像是班上女同學一樣，假日一起去逛街、喜歡同一個品牌的衣服等等，關係像是朋友一樣的母女。九零年以後的母親多半心情上仍然非常年輕，有時候會很羨慕女兒比較可愛的時尚妝扮，因此發生這種現象。如果只是興趣的話還沒有關係，但如果已經演變成相互依賴成癮的話，就會引發各種弊端。

母親將自己的價值觀強加於女兒身上，就是其中一種。舉例來說，就算女兒想要獨立自己工作，母親也會說「女人的幸福就是要嫁人當家庭主婦」等等，對於前途之事插嘴而造成紛爭。如果這可以營造女兒獨立的契機也好，但有可能因為朋友般的親子關係過於舒適，而老實遵命無法獨立。

> 如果孩子不獨立，那麼父母也會非常不幸。應該重新檢視彼此關係，將目光放遠，避免這種危險狀況。

友情巧克力

意　　義	不具戀愛關係的女性之間互贈的情人節巧克力
類 似 詞	義理巧克力
場　　合	以情人節為主的活動上

感情好的女性之間會互相贈送情人節巧克力，現在似乎已經成為一種習慣。原本女性就比男性還要喜歡甜點，只送給男性實在太不夠意思了。因此成為在**學校和朋友們互贈巧克力，加深感情的活動**。也經常會看見小學女孩和母親一起去買做手工巧克力的材料。

但是在學校或職場，可能會有人覺得只送給特定的人令人不愉快，因此最好是送給所有人。另外，也**有些人非常在意巧克力的品牌及口味**。結果經常會引發一種問題，就是比送給男性的巧克力還費心。義理巧克力也是一樣，最好要有對策。

> 這和義理巧克力的區分非常模糊，解決方法也和義理巧克力很像。要不就是完全不要送，否則就是將義理與本命區分開來，本命（親友）就偷偷交給對方吧。

超長電話

意　義	長時間一直講電話
類似詞	超久電話／超長簡訊
場　合	希望有人聽苦水的時候

女性原本**協調性就比較高**，有在談話中重視彼此共感的傾向。就算是講電話，也不會單純說完要辦的事情，會吐些苦水、或者自誇一些什麼事情，好讓對方認可自己，因此很容易講越久。而聽對方說的女性，也有著與對方同步的傾向，因此會一起抱怨、自誇等等，又或者是給對方建議，很自然讓對話越來越長。近年來還會使用LINE魚雁往返，不斷來回送出訊息，一直到深夜。

　　女性對於讀取話語中潛藏的真心能力非常優秀，因此只靠聲音也能夠充分讓對話成立。也就是說，就算是直接見面說比較好的事情，**女性只要靠電話也能把事情辦好，而且心情上會感到滿足。**

> 女性只要靠話語及聲音就能判別對方的真心。也可以從聲調等判斷出電話是否能夠長時間對話。

排擠

意　義	不認可對方是夥伴
類似詞	無視／輕蔑／疏遠／冷淡對待／排除／疏離
場　合	許多人無視某個人

會感受到自己被排擠，是因為心中想著「希望成為團體中的一份子」。如果「不認為自己是他們的夥伴」，那麼**就算被該團體無視、或者遭到疏遠，也不會太在意。**但是，大多數女性都有著強烈希望自己屬於某個團體的歸屬意識。如果被排擠，就表示被趕出來了，這樣就會覺得非常難過。在女性較多的職場及學校當中，大家都知道如何才能給予同性較大的打擊，因此這種排擠他人的方法也經常被人使用，非常麻煩。**如果是職場，那麼就將公事往來切割開，不要再堅持私下必須是「夥伴」這種團體關係，應該是最好的辦法。**

> 如果遭到排擠，也可以直接詢問團體關係成員當中的一位被排擠的理由。詢問單人的話，很可能問得出對方在夥伴面前不好說出口的話。

哭泣

意　　義	由於悔恨或悲傷等情緒高昂而流淚
類 似 詞	流淚／啜泣／悲傷／難過
場　　合	不被理解、又或者不被認可的時候

大家都說女性的淚腺比男性脆弱。舉例來說，有些女性在面臨上司或者交易對象斥責的時候，非常容易當場流淚。

●女孩子哭泣能引起他人擔心

第一個理由是因為女性的感性較為纖細，感情起伏和表情變化都比較大，這是與生俱來的特徵。不是因為想哭而哭，而是自然就會流下眼淚，因此很難停止。其實並不是男性想得那樣，有什麼深奧的理由。

另一方面就是男女成長過程的不同。如果男孩子一哭泣，就會被責備「男人怎麼可以哭」；然而女孩子哭泣的話，大家就會擔心「怎麼了？」而此時被責備的，通常都是害女孩子哭的那一方。**有些人原本淚腺就比較脆弱了，為了讓人擔心、不要斥責自己，就會使用「哭泣」這種方式來作為自我主張。**

當然，也和力氣強弱有關。在年幼時期女孩子成長的比較快、會被認為力量較強，但仍舊會有逆轉的一天，很快地大多數女孩子的力氣都比不上男孩子。這樣一來，有為數不少的男孩子就會知道可以訴諸力量、以怒吼等暴力方式來恐嚇他人。女孩子會以眼淚當作武器，可以說是**被迫學會這麼做**。

●女性對於女性的眼淚非常嚴厲

哭泣的女性是被害者，害她哭的是加害者。這個方程式在成年人的世界當中也是根基穩固，實際上的確經常只要哭了就能突破難關。這也是為什麼會有「眼淚是女人的武器」的說法。從孩提時代起，一直體驗到只要哭了就會有人安慰、害自己哭的人會被罵這樣的經驗，當然就會想把這種方法當成殺手鐧。

說到底，**非常理解這種狀況的女性就會嚴厲看待此狀況，而男性也許前一兩次會溫柔接受，但太多次的話也會認為「她是個麻煩傢伙」。**

淚腺脆弱也是無可奈何。但是，就算拿來當成救命符，等到冷靜下來以後最好還是要能夠好好說明。

安慰

意　　義	暫時混淆悲傷及痛苦的心情
類 似 詞	鼓勵／激勵／打氣／給予勇氣
場　　合	感受到朋友沒有活力的時候

當朋友或戀人消沉的時候，如果在他身邊注意到這件事情，那麼很自然就會擔心並且安慰對方。但是，男性與女性的反應會稍有不同。一般來說男性安慰他人的時候，會說「那不是你的錯」、「這沒什麼啦」等等，主要是以鼓勵的方式來進行，效果較佳。

另一方面，以女性來說，則是**希望其他人有同感。因此說些「真是太糟了」、「我也有過這種經驗」等等，對於對方消沉的狀況表示理解，安慰起來會比較有效果。**在給予鼓勵的話語前，請先從貼近對方心情開始。聽她要商量什麼再給予建議。如果是比較高傲的人，很可能會討厭別人安慰他。

> 高傲的人當中有些人不喜歡被安慰。如果想要安慰這種人，只需要聆聽對方說些什麼，在他身邊就好。

補習

意　　義	為了提升興趣或工作技能而前往聽課
類 似 詞	學習／課程／講座／上課／才藝
場　　合	想要一個能打破現狀的契機

成年女性學習才藝，通常代表想要打破現狀的心情。在社會上遇到各式各樣的阻礙，為了要跨越那些阻礙而磨鍊自己的技能、又或者希望能發現嶄新的自我。

如果是**為了向上心就沒有問題，但若是變成逃避現實，就會陷入惡性循環。**無法獲得滿意的結果，那麼自己是否應該尋找其他新的才藝，於是又去找新的目標，然後一再重複這樣的事情。這樣一來，就會越來越不知道自己真正想做的是什麼。這種女性也經常會重複轉職，一但失去方向，甚至可能職涯下滑。這樣就必須重新檢視自己的生涯規劃。

> 必須看清楚是向上心還是逃避現實。如果無論是哪種才藝都無法長久持續，那就很有可能只是逃避現實。

努力懷孕

意　　義	為了促使懷孕而進行許多醫療行為及準備
類 似 詞	做人／治療不孕／準備懷孕
場　　合	無論如何都想要小孩的時候

結婚之後並非等待自然懷孕，而是搭配許多辦法努力懷孕，很可能是因為自己的年齡問題，又或者是周遭的人給予壓力。一起努力懷孕的夥伴們如果有人成功，就會給予祝福，但不難想像同時心情也會非常複雜。

但是，**如果太過在意這些事情而導致產生壓力、又或者是與周遭之人關係惡化，一點也不是什麼好事**。畢竟自己努力懷孕和其他人並沒有關係，因此不需要太過在意。如果真的非常在意那些人，那麼就短時間保持些距離也好。最重要的是讓自己放鬆心情。

如果周遭有人正想辦法懷孕，那麼對待她的時候最好也稍微留心一下，不要讓對方感受到壓力。

> 如果覺得為了懷孕做這些事情非常痛苦的話，那麼就和能信賴的朋友、或有相關經驗的人談談吧。只要有人聆聽煩惱，壓力就會減輕許多。

忍耐力強

意　　義	忍受身心痛苦的樣貌
類 似 詞	很會忍／有耐力／堅強／不退縮
場　　合	跨越困難，想要獲得希望的結果

忍耐力強的女性，相較於處理自己的事情，比較傾向於將力量灌注在所屬的社會組織當中。給人印象比較古板且內斂，但這種女性內心深處非常強韌。這種類型的人，**通常也具備控制自己的冷靜度，因此也擅長跨越困難**。正因如此，通常容易受到周遭的信賴。

但是，不管忍耐力有多麼強，只要是有所忍耐，就會累積壓力。**而更容易造成壓力的，就是忍耐下去也無法獲得自己希望的結果**。徒勞無功感將引發壓力。另外，也希望大家能夠理解，忍耐力強與聽從他人話語行事是兩回事。如果被人看透是個忍耐力強的人，藉此把對方當成使喚對象，也會造成當事者壓力。

> 請不要只是聽從他人話語行事，必須是能夠獲得自己和周圍都能接受的結果，再來堅強地努力。

布偶

意　　義	在布料當中塞滿棉花等，製作成人或動物外型的玩具
類 似 詞	玩偶／模型／人形／抱枕
場　　所	獨居女性的寢室

孩提時代，會在身邊放布偶疼愛，是由於在孩童逐漸離開爸媽的時期，布偶可以代替父母親讓孩子感到安心。因此，通常成長以後也會漸漸離布偶遠去。但實際上，長大成人以後依然將布偶擺在身邊、對布偶說話、甚至一起睡覺的女性並不在少數。這種人**有著「親和欲求」，以布偶來補償自己心中想與某個人在一起的心情**。又或者是把對方當成不管對他說什麼，都不會有反應的對象，用來紓解壓力。和布偶進行的「扮家家酒」再怎麼說都是虛幻的世界。如果太過沉迷，那麼很可能會與現實世界產生隔閡而感到痛苦。如果對此有所自覺，那麼就可以在**不成癮的情況**下與布偶好好往來。

> 對著布偶說的話，沒有其他人會聽到。其實意外的會有很多自己的真心話，也可以好好聆聽一下自己說了什麼喔。

指甲藝術

意　　義	特指造型過後的指甲
類 似 詞	時髦／做指甲
場　　合	想為了自己打扮一下的時候

將指尖裝飾得非常華美的指甲藝術，以領域來說比較接近化妝品或者首飾。如果做了就能夠變漂亮，讓看見的人有好印象。又或者是因為覺得會這樣，而使自己心情高昂、較有自信。也可以說是為了這種心理效果，而將自己打扮美麗，是比較重要的動機。

當中還有一個指甲藝術的特徵，就是**不需要使用鏡子等，自己就能夠直接看見這些裝飾**。因此帶來的效果，就是比起臉部化妝以及全身上下穿的服裝更給人安心感。不過……指甲藝術其實並不是非常受男性喜愛。當然指甲藝術還是有程度上的差異等，大多數女性們會喜愛指甲藝術，多半是因為**想要愛自己、希望能夠有自信**。

> 使用指甲藝術等時尚來改變自己的心情、或者作為讓自己有自信的小工具都非常有效。但如果依賴這些東西就不好了。

撒嬌聲

意 義	為了討好對方而展現出溫柔諂媚的聲音
類 似 詞	娃娃音／鼻音／醉翁之意不在酒／表面態度
場 合	想拜託某些事情的時候

所謂撒嬌聲在日文當中是「猫なで声」（貓叫聲），解釋眾說紛紜，但一般應該是指貓被撫摸時發出的聲音。被用來比喻**發出平常不會有的溫柔甜蜜聲音**。如果不是使用原本的聲音、而是其他聲音，那麼很容易可以判斷，音調當中有什麼特定意圖。實際上女性發出撒嬌聲的時候，通常都包含有**「希望引起對方注意」**、**「想拜託事情」、「想撒嬌」、「想使對方怒氣冷靜下來」**等意義。如果對方是戀人等，那麼將此種聲音作為愛情表現，也不會有哪裡不自然。但是，其實有非常多女性是為了明哲保身等、有什麼背地裡的因素，才會發出那種聲音。一旁的人看到這種樣子，當然會覺得非常不愉快、無法接受。如果**頻繁使用這種聲音的人，會被貼上「裝可愛」的標籤。**

撒嬌聲是讓自己看起來較為女性化、藉此希望能獲得原諒等明顯意圖。太常使用會造成反效果，要多加注意。

打工夥伴

意 義	打工職場上一起工作的夥伴
類 似 詞	自由業同伴／工讀夥伴
場 所	打工的職場

所謂打工的雇用型態，目前仍是女性佔比較高。由於和正職員工相比，在組織內的立場較弱，因此比較容易與同為打工的夥伴人際關係較親密。如果是在超市等地區色彩較為濃厚的職場，也會由於當地人長期雇用率較高，更使得大家不能輕忽此類人際關係。**尤其在打工夥伴之間，最容易發生的就是年齡及就業時間的階級問題。**已經將孩子拉拔長大的主婦們，很容易掌握打工夥伴團體的權力；而新來的打工人員，是否能夠和這些人處得好，將會大幅左右將來的勞動環境。話雖如此，要是過於深入，也很可能會被呼來喚去，因此必須慎重拿捏距離感。

新人員工是接受老鳥指導的立場。當然必須要保持敬意，但若是被踏入私人領域就會非常麻煩，因此請保持一定距離。

發表會

意　　義	幼稚園發表唱歌或表演的場合等
相 關 詞	幼稚園畢業典禮／運動會／才藝發表
場　　合	才藝等綜合發表的場所

幼稚園的發表會是孩子的大舞台。如果是要演戲，那麼身為母親當然希望自己的孩子演主角。如果不行的話，最好是演公主或者妖精，絕對不希望孩子演壞人或者小偷。由於會與家長想法衝突，因此老師們在決定角色的時候也十分辛苦。結果就會有7位主角、7位公主等，壞人和士兵則是由老師演出。這是由於家長只想到要讓孩子顯眼一些，完全沒有考慮到這是所有人一起打造作品，團體合作的重要性等。由於**家長的驕傲及虛榮心**才會引發這種情況。

雖然明白家長希望自己的孩子顯眼一些，但說到底這是孩子的舞台。希望家長們能以溫柔的目光看待孩子就好。

> 發表會是孩子的舞台。不管哪個母親都希望自己的孩子演主角或公主，但最好重新思考原先的目的。

八方美人

意　　義	害怕被人討厭因此非常體貼所有人
類 似 詞	拍馬屁／討好／體貼／關照他人
場　　合	展現自己、不希望被人討厭

此條原文為「八方美人」，**是用來挪揄那些對大家都好、希望所有人都喜歡自己的人**。雖然希望大家喜歡自己，並不是什麼不好的事情，但會這樣被挪揄，則是因為被看穿其實並沒有說真心話。

由於強烈不希望自己被討厭，因此一天到晚靠著考量別人的眼光度日。將周遭之人會喜歡的事情作為優先事項，把自己真正想做的事情、為了達成目標而必須做的事情全部往後面丟。結果由於太過在意周遭的臉色，神經會非常耗弱，導致自己被人際關係耍得團團轉。其實並不需要忍受自己討厭的事情來配合周遭。與其討好所有人，不如努力誠實做好自己。

> 日文中的「八方美人」會有諷刺語感，是由於被他人認為隱藏真心諂媚周遭。不需要忍耐著迎合大家。

譯註：中文「八面玲瓏」或「長袖善舞」的語境非常接近，但中文當中傾向表示正向的處事圓融

有辦法好好跟公司說要請假嗎？

母親

意　義	孩子的女性家長
類似詞	媽媽／媽咪／老媽／母性／偉大的媽媽
使用方式	母親是令我憧憬的存在

生下自己並將自己養育長大的母親，對於所有人來說都是非常特別的存在。畢竟對於大多數人來說，母親就是保護者，因此這樣的存在當然非常重大。沒有母親的人、或者與母親關係薄弱的人，對於這些人來說，「無法獲得那些對其他人來說理所當然的東西」，因此母親仍舊是非常特別的存在。另外，**和父親相比，大多家庭當中母親與孩子在一起的時間比較長，而在這些家庭當中，很自然的母親給予孩子的影響也比父親來得大。**

將某個人看成特別的人並不是什麼壞事。不管是友情、愛情還是尊敬，這都是特別注重的型態之一。但是不同的使用方式、以及與對方的關係，也很可能會造成問題。正因為母親對於所有人來說都是非常重要的存在，因此與母親之間發生問題的案例會多也是理所當然。**如果對於母親過度執著，就可能成為母愛情結。**而對於母親的執著若是展現出與父親搶奪母親、想要獨佔母親的話，就是伊底帕斯情結。相反地，若是母親過於執著自己的孩子，因而妨礙孩子的成長及其人生的案例也不少見。

●與偉大母親的對決

在榮格心理學當中把精神上典型的運作稱為原型，加以分類。除了會慈愛養育孩子以外，同時也會束縛孩子、導致孩子走上破滅一途的母性原型，榮格稱之為偉大母親（Great Mother）。無論男女為了要長大成人獨立，都無法避免與偉大母親的對決。

> 人為了長大成人，就無法避免與自己內心的偉大母親對決。克服偉大母親以後，才會被視為獨立自我的人類。

迷你專欄

榮格心理學

榮格是瑞士的精神科醫師兼心理醫師。他是佛洛伊德的第一位徒弟，創立了分析心理學。榮格將內心構造分為意識與潛意識，並認為潛意識當中存在各種情結。舉例來說，「母愛情結」就是一方面想著「希望母親更愛我」，卻有著「不希望被束縛」的敵意等，對於母親有各式各樣不同的感情。

依賴母親

意　　義	與母親過於親密，始終無法獨立
類 似 詞	媽寶／母愛情結／戀母情結
使用方式	她似乎非常依賴母親

有許多人不管是升學、就業、戀愛以至結婚等人生重要活動，全部都會交給母親。如果住在老家，就算是長大成人以後，在餐飲、洗衣、金錢管理、身邊大小事情都依賴母親的人也非常多。視情況而定，就算是結婚以後夫妻倆人前往新居，也還是會過度依賴母親，在各種情況下接受協助，以至於仍然無法獨立。

這種情況就被稱為「依賴母親」。依賴母親在心理學當中被認為**是母愛情結的一種，所謂母愛情結是指不管到了幾歲，都還是非常在意母親（生育孩子的性質），因而引發問題的狀態**。

母愛情結除了過度依賴母親以外，另外也有對抗母親的類型、以及排除母親的案例。這和一般說的媽寶情況有點類似，但通常媽寶是指青春期以後的男性非常依賴母親、甚至感受到一種信仰的狀態，這是屬於母愛情結中的一種，但並不是完全與母愛情結相同的概念。

●離開母親是所有人的課題

如果過度依賴母親，孩子就算是獨立、離開父母親的保護以後，父母親想卸下保護者的身分，將孩子當成獨立的個人接觸，也會非常困難。孩子必須在某個時間獨立才行。

具體來說，青春期以後不與母親同寢室、出了社會以後就要獨居等等，與母親適當切斷一定關係。

打擊　初次一人吃飯　嗯　不好吃……

孩子必須要在某個時間點獨立。自己一個人獨居等，物理上直接離開母親是最快的手段。

誇張

意　　　義	行動或者服裝、化妝華美且顯眼
類　似　詞	刺眼／輕佻／五彩繽紛
使用方式	「噢，那服裝很誇張呢」

穿 著誇張的人大多分為兩種，一種是對於自己非常有自信的類型、另一種則是相反，對於自己非常沒有自信的人。

　　對於自己有自信而穿著誇張的人，是因為覺得自己適合而那樣穿。至於是否真的適合自己、有沒有客觀看自己，那就是另外的問題了。

　　對於自己沒有自信而穿著誇張的人，不管是有意識的還是下意識的，都是將誇張的妝扮用來作為隱藏沒有自信的小道具。如果只是用來改變自己的心情，那也還算有效，但若是太過依賴這種方式，反而會被外表的印象拖著走，做出一點也不像自己的言行舉止。

> 顯眼雖然會讓人心情好，但也伴隨著引人不悅的風險。最好能夠客觀的看自己是否過於招搖。

華美

意　　　義	美麗且有氣質而閃閃發光的樣貌
類　似　詞	美麗的／絢爛／明星氣質／閃閃發光
使用方式	「那位女性非常華美呢」

魅 力十足而吸引周遭目光、讓人無法移開視線的「華美之人」。**這與年齡沒有關係，而是開朗的氣氛、或者笑容很棒、動作優美、每天快樂生活的人。**就算自己覺得「我也想成為這種人！」，但這與出身、教養都有關係，因此很難馬上就成為那樣的人。如果身邊有這種人，那麼可以盡量觀察對方有什麼樣的特徵，也許可以試著接近那樣的做法。

　　不過，華美的人也具有讓周遭的人一同發光的效果。受到良好特徵的影響，會發揮光環效應（→P162），在一起的人都會受到矚目，甚至被認為也是非常有魅力的人。

> 華美的人除了外貌以外，生存方式等也都魅力十足。如果有憧憬的對象，可以試著模仿對方。

下定決心

意　　義	有所決斷
類 似 詞	有所覺悟／抱著必死覺悟做某件事情
使用方式	下定決心自己創業

對於將來有所覺悟而打算做某件事情，就是下定決心。改變未來方向、留學、轉職等等，要決定對於自己來說非常大的轉變時，必須下定決心。可能要擠出勇氣、與之後的人生有所關連、無法回頭、或者非常困難等等，**冷靜且合理的判斷、決定事情**是最重要的。

　　如果有煩惱的事，也可以與身邊具有經驗及知識的人商量。很可能找到具體的解決方式。但是，要**下決定的仍然是妳自己**。有些事情的內容，在決定以前可能要花些時間。必須仔細思考以後，才「下定決心」。這樣一來即使失敗、感受到後悔之後，也還是能逐漸接受。

> 在人生轉振點上要決定重大事件時，必須下定決心。為了不要在下決定之後又後悔，最重要的是好好思考。

互相競爭

意　　義	比較強弱及魅力
類 似 詞	競爭／對抗／不服輸／比賽
使用方式	因為不管是讀書還是運動都不想輸，所以互相競爭

如果有人正在聊去旅行的事情，就開口說「噢我也去過那裡」，或者朋友買了名牌包包，就也跟著背了那個牌子的東西，有些人連這些小事情都要與人競爭。這類人大多非常不服輸，不管在哪個領域，只要自己不是第一就覺得不能接受，因此將周遭所有人都當成敵人、與大家互相競爭。但是也可能因為「我不想輸給她」這種心情而拼命念書結果提升成績，**由於競爭之心產生好的結果**。

　　另一方面，不管做什麼，心裡那種「我和妳們可不一樣」、「我比妳們優秀多了」這些心情都會被其他人看透，因此周遭的人會對當事者敬而遠之。如果一直與人競爭，到頭來就會被孤立。希望這種人也能謹記必須幫助其他人、具備協調性。

> 互相競爭的心情也可能帶來好的影響，但一直想站在置高處、不服輸的話就容易被敬而遠之。最好謹記必須幫助其他人、具備協調性。

俐落女強人

意　　義	非常能幹俐落的女強人
類 似 詞	手腳俐落／能力、技巧高超／專家
場　　合	在外商等企業當中工作且大為活躍的女性

這是指重視工作與職涯、工作方面俐落且活力十足的女性。通常收入高、興趣也非常多樣化，但經常忙於工作，導致私人娛樂時間越來越少。**對於自己的評價很高、也非常有自信。**可能會當上社長、或者獨立後自己開公司等，也非常有行動力。

　　到了某個程度的年齡，在與朋友見面的時候就會由於生活等各方面的差異而產生隔閡、話題也無法配合。因此俐落的女強人，比較容易和立場相同的人往來。另一方面也是為了增加人脈，會參加交流會等活動、藉此拓展商業相關的人際關係。

工作方面俐落又活力十足的女性，對於自己的評價很高、也具備行動力。大多會和與自己一樣俐落工作的夥伴往來。

情人節

意　　義	世界各地祝福情侶愛的誓言的日子。2月14日
相 關 詞	巧克力
使用方式	情人節把友情巧克力（→P138）交給朋友

這是在西元3世紀時基督教的殉教者聖瓦倫丁的紀念日。原本是屬於宗教性質的活動，但14世紀起年輕人們會互換卡片、又或者是贈與禮品。到了日本則獨自發展成為特別的活動，這也是由於巧克力業界的努力，因此有了「女性會贈送巧克力給喜歡的對象，表白自己愛意的日子」這種固定印象。不過由於「義理巧克力」、「友情巧克力」、「白色情人節」等出現之後，**「表白自己愛意的日子」這個意義也變得比較淡薄。**

　　不過，這畢竟是全國性的活動，因此就算是比較內向或者害羞的女性，也能夠對於要自己向對方告白一事比較沒有抗拒感。將這天當成告白的機會，之後也可能比較順利地交往下去。

情人節在日本獨自發展為特殊活動，成為女性可以表白愛意的日子。現在因為還有友情巧克力等各式各樣相關物品，已經成為固定活動。

萬聖節

意　　義	每年10月31日辦的慶祝活動。扮裝之後在街上晃蕩
類 似 詞	收穫祭／扮裝派對／角色扮演
使用方式	「今年萬聖節要扮成什麼？」

在萬聖節就算化了非常誇張的妝，也不會有人覺得很奇怪。也有許多非常正式的扮妝，尤其是近年來流行的殭屍妝，由於太過逼真，甚至會讓看到的人覺得非常恐怖。在日本，萬聖節也已經是固有活動，是可以簡單滿足大家變身願望的大型活動。

變身或扮裝是非日常性質的體驗，這應該是一種面具，也就是**人格面具（persona）的表象**。persona這個詞原先是指演劇當中登場角色所戴的面具，心理學家榮格借用這個詞彙表示**「為了適應周遭而演出的社會角色」**。人一旦扮妝，就會被衣服影響心情而可能做出大膽的舉動、又或者是原先隱藏的心性反而顯露出來。

> 在萬聖節扮妝很可能性格變得大膽、又或者是平常隱藏的心性能夠顯露出來，可以享受非日常的體驗。

能量景點

意　　義	能夠填充心靈能源的「場所」
類 似 詞	聖地／靈場／聖域／氣場
使用方式	「那間神社是有名的能量景點，但感受不到『氣』」

自1990年代起，在日本就有一些充滿特別力量的地方，被稱為能量景點，蔚為風行；到了2000年代由於風水和心靈主義受到矚目，因此繞行能量景點的聖地巡禮也大受歡迎。山岳、山嶺、神社寺廟等由於成為能量景點而再次受到評價，也受女性歡迎。大家相信原本需要經由嚴格休息或者祈禱才能獲得的能量，只要「去那裡」就能得到，因此也被認為是宗教信仰的簡易替代品。

不管有沒有獲得能量，造訪能量景點也是非日常性質的體驗，**具有紓緩、散發日常生活中背負的壓力、嫉妒或具攻擊性的各種負面情感的效果。**

> 前往能量景點是一種非日常體驗。這是一種具備紓緩、散發日常生活中背負的壓力、嫉妒或具攻擊性的各種負面情感效果的場所。

PTA

意　義	監護人支援學校的組織、活動
類似詞	監護人會議／家長會
使用方式	「今年又要決定PTA的幹部了，希望能逃過一劫」

所　謂PTA是取「parent（監護人）、teacher（教職員）、association（團體）」開頭文字的簡寫，指的是在各學校由監護人及教職人員組成的學校支援團體。實質上比較接近家長會，除了會長、副會長、書記、會計等職稱以外，還有各式各樣的負責人（委員會），在背後支持學校活動。

對家長（尤其是母親）來說，最頭痛的就是**每年都要決定委員會負責人**。不管規模多小，都要有支援運動會的體育委員會；負責演講等企劃、營運的文化委員會；還有圖書、園藝、宣傳委員會等等，如果有相關活動時，就必須在那時間前後頻繁前往學校。由於雙薪家庭逐漸增加，因此家長能夠參加PTA活動的時間也確實減少了。

●家長會脫去人格面具

大多學校的PTA都會在週間非假日時舉辦。如果不出席，很容易就被分配到忙碌的委員會，因此非得出席不可。決定委員會負責人的會議，會成為父母親們各種想法交錯而鬧個不停的地獄。

也許有人覺得不要參加委員會就好了，但如果是兒童、學生人數少的學校，通常都會從較不忙碌的委員會開始決定人選。決定之後就必須選出委員長，但是委員長的工作量及責任都很重大，因此無法輕易決定。

決定委員會成員的會議上，父母很容易吐露真心話，甚至會在會場怒吼，**平常的人格面具很容易就被扯下來。**

對吧─ 對吧─ 那個!! 我覺得什麼事情都交給委員會不太好。

PTA實際上是家長們支持學校活動的組織。由於雙薪家庭增加，因此家長能夠參與PTA的時間也非常受限。決定委員會成員的會議上，可以的話並不想做等等真心話、甚至怒吼等都會在現場交錯，容易露出本性。

謙遜

意　　義	非常謹慎、不會讓自己變得特別顯眼的性格
類 似 詞	樸素／謹慎／慎重／不顯眼
使用方式	較為謙遜不冒險的類型

有些人就算考試考得很好、或者是工作非常順利，也都不會面露喜色、而是採取謙遜的態度。有些人是原本個性就較為謙遜，但是女性雖然希望大家認可自己的成功，卻也不希望大肆聲張這些事情來使自己受到矚目。這叫做**成就迴避動機**。

美國的心理學家荷那曾做過一個實驗，請醫學院的男女學生寫下獲得第一名成績的小故事。如果文章當中有強調「只是剛好第一名」等負面訊息的話，就表示具有成就迴避動機。統計結果發現男學生當中顯示出有成功迴避動機者為9.7%；但女學生則為65.5%。這表示女性謙遜者壓倒性來得多。

> 有許多女性即使獲得偌大成功也還是態度謙遜。畢竟過於聲張引人矚目，可能會成為嫉妒的對象，相比之下還是比較希望能度過平穩的生活。

美人

意　　義	美麗的女性
類 似 詞	美女／麗人／佳人
使用方式	她是個像女明星一樣的美人

對於女性來說，美人並不只是臉龐的問題，也有素肌美人這種肌膚非常美麗者、又或者是髮型必須搭配事宜等，這些小細節都是判斷的標準。另外，整體的氣氛等也是美人的條件。也有性格美人這種說法，可見這並不是單指外表。

女性對於美人**非常容易產生嫉妒心**。這包含了各種理由，比如說自己無法擁有天生美貌、對方受男人歡迎、就算沒有內在也能靠張臉行遍天下等等。另一方面也是**憧憬的對象**，媒體有什麼「想成為此種容貌排行榜」、大受歡迎的模特兒穿的衣服就會大賣特賣等等。美人是大家憧憬的對象、也是嫉妒的對象。

> 美人除了外表以外，也經常會以內在決定。對於擁有自己無法獲得之物的美人，可能會憧憬或者嫉妒。

不聽人話

意　　義	不願意傾聽別人說話、又或者是聽了也沒聽進去
類　似　詞	無視／過耳不入／對牛彈琴／馬耳東風
場　　合	不集中精神聽話時／一直說自己事情的人

不聽人話的人分為**注意力渙散以及傲慢兩種類型**。注意力渙散的人就算想好好聽話，也會馬上因為其他事情而分心，結果就聽得丟三落四。而傲慢的人雖**然自尊心和自我萬能感強烈，但其實是為了隱藏本質上沒有自信及其他恐懼**，因此無法認真傾聽他人說話。不管是哪種類型的人，都會讓人覺得說話不被重視，而對這類人沒有什麼好印象及感情。

如果說話的人是上司，那麼可能會遭到小小的報復。如果想出人頭地或者成功，那麼至少也要裝成認真聆聽的樣子。而且，他人在說話會有很多可供參考的地方。就算是沒有內容的空虛談話，也能夠作為「這情況最好不要說話」的負面教材。

> 如果不聽他人說話，對方會覺得自己被無視。請好好面對自己真正的想法，同時也是為了減低自己的弱小及恐懼，努力傾聽他人說話吧。

想要別人的東西

意　　義	冀望、渴求別人擁有的東西
類　似　詞	鄰居家的草皮比較綠
使用方式	永遠只想要別人的東西，但不會把自己的東西給人

有些人是只要拿什麼東西給他看，他就會說「給我嘛」。與其說是他真的想要那個東西，其實只是養成了老說「給我」的習慣，就算沒有思考也是會講出口。這就像是一種遊戲，就算被拒絕了也不是那麼在意，而就算拿到了也不會覺得有什麼好感謝的。無法控制自己欲望的人，也經常會有「給我」的念頭。就算日常生活當中想著「我想要那個」、「我想要這個」但因為經濟因素等等問題，因此無法全部都拿到。**自己的欲望無法滿足而想要其他人的東西。**

也有人是因為想站在比對方優勢的立場，而想別人的東西。這種情況不僅僅會單純的惡化，甚至可能會連戀人及朋友都搶走，必須多加注意。

> 已經養成習慣的人、無法控制欲望的人、想站在比對方立場優越的人，都容易說這種話。

魚干女

意　義	過著邋遢的生活、與戀愛沾不上邊的女性
類似詞	敗犬／單身／天然／不打扮／原始樣貌
使用方式	「我是沒男朋友經歷的魚干女」

這 原本是秀樂沙鷺的漫畫『小螢的青春』當中指女主角邋遢生活的用詞。之後被改編成連續劇「魚干女又怎樣」，由綾瀨遙演出女主角而大受歡迎。她每天從公司回家以後就換成運動服、看漫畫。與戀愛一點邊也沾不上、休假日也不會外出，大多在家中悠哉躺著。在作品中是把過著邋遢生活的女性都叫做魚干女，不過後來這個用詞被獨立出來，主要指與戀愛無緣的女性。

與對於戀愛非常積極的肉食系女子正好是強烈對比，但實際上兩者都**非常重視自己的心情以及「我自己是怎麼想的」**，也就是「自我意識」較強烈的類型，不太在意「別人怎麼看我」，因此意外的有很多共通點。

魚干女雖然私生活有些邋遢，但並不覺得自己的生活或者性格很糟。工作也都會乾淨俐落地做好，精神上非常穩定。

有氣質

意　義	有威嚴、整體具備高雅氣氛
類似詞	優雅／有威嚴／高傲／有品格／高貴／高風亮節
使用方式	小動作也十分有氣質

有 氣質的人具備以下特徵：①動作優美、②姿勢良好、③不說別人壞話、④遣詞用句正確有禮、⑤非常穩重、⑥字跡美麗、⑦謙虛等。有氣質的人周遭通常也有許多相同類型的人。

如果把「有氣質」、「氣質高雅」拿來稱讚他人，想必對方會感到十分高興。對於成人女性來說，是人生目標的形容詞之一。**不管是男是女，通常對這種人都頗有好感。**從氣氛上也能感受到對方內在的優雅，不太具備負面印象，因此會吸引很多人。

有氣質的人除了外表以外，也能夠看出其內在的優雅。對於成人女性來說，這也是一個人生目標。

妳怎麼了？

這可能是發燒囉～♥

時尚

意　義	服裝、美容及行動等樣式
類似詞	流行／風潮／發燒
使用方式	這看起來像是80年代的時尚

對於時尚流行非常敏感的人，可能是容易受他人影響、或者是他人志向者。所謂他人志向者，是指平常就非常關注時尚引領者、潮流教主、周遭人的一舉一動，非常留心他們的意見及喜好，不讓自己脫離流行。

美國的心理學家米爾格倫（Stanley Milgram）在紐約進行的實驗當中，安排了三個人抬頭仰望特定大樓之後離開，路過的人有六成都停下來抬頭看著同一棟大樓。接下來是六個人經過時抬頭仰望，路過的人則有八成採取了相同行動。安排好的人越多，採取相同行動的路人也就越多。**他人志向者的人很容易隨波逐流。**如果想做什麼事情，最好先冷靜思考。

> 時尚對於女性來說是個重要的課題，但他人志向類型的人很容易過於在意流行，因此必須要冷靜些。

這樣應該可以有10點讚吧…

時尚指標

意　義	在時尚業界能夠造成流行、風潮，具有影響力的人
類似詞	潮流教主／具影響力者
場　合	在學校非常顯眼的女孩子／Instagram等SNS

時尚指標是只能夠創造出流行及風潮的人。這並不僅僅是服飾業界，可能對於首飾、美容、音樂、行動模式甚至文化都具備極大影響力。只在SNS上發訊息就有許多人關注，經手的商品及服務也會瞬間售罄。這種具備影響力的人就被稱為時尚教主。

時尚指標通常都是非常有個性的人。希望維持與他人不同的心情稱為uniqueness（獨特性）欲望，而時尚指標者會非常重視獨特性。以美國心理學家克瑞須（Krech）與克拉奇菲爾德（Crutchfield）所訂立的性格分類來說，希望能受到矚目的人會將「有個性」、「獨特」等視作稱讚話語接受。這是他們用來表達自己的話語。

> 能夠創造出流行及風潮的時尚指標者通常獨具個性，非常重視與他人不同的心情（獨特性欲望）。

部下 （女性部下）

意　義	遵從上司指示及命令行動的人
類似詞	追隨者／下屬／從業人員／工作人員
場　合	職場／打工處

女性通常會將重心放在**工作流程及良好的人際關係**上。若是女性上司與部下的搭配，那麼很可能態度上會比較嚴苛。這並不只是因為上司與下屬的關係，而是因為同性才會產生的嫉妒（→P 107）若隱若現的時候特別容易發生。

對於女性上司，除了基本的招呼、連絡、商量以外，不能因為是同性就對上司撒嬌、或者過於侵犯他人隱私、商量私人事情等等。就算感覺關係比較親近，也要留心說話時不可以失禮。上司對於部下也是一樣，最重要的就是保持適當的距離感。

> 女性上司與部下的關係十分複雜。不能夠有讓人產生嫉妒的態度，也不能太過侵犯他人隱私等等，必須十分留心。

部下的操縱術

意　義	讓部下能力能夠好好發揮的方法
類似詞	領導資質／指揮的方式／競爭能力
使用方式	「那個人非常擅長操作部下呢」

以女性來說，由於從他人的表情及動作來讀取對方狀況的能力十分優秀，因此擅長與部下進行**非言語交際（Non-Verbal Communication）**。但如果是工作的執行方式等比較複雜的事情，那麼言語交際也是不可或缺的。

美國的心理學家扎榮茨（Robert Boles aw Zajonc）的「認知法則」當中指出，人越是明白對方的內心、就會越有好感。對於認識的人可以溫柔接待；而不認識的人就冷淡以對，有時候甚至具攻擊性。

上司與部下的關係也是一樣的。這不分男女，都必須頻繁接觸部下，多少摻雜**一些自我披露（將自己的內面展現出來）**。採取良好的溝通、與部下建立圓融的關係是工作成功的第一步。

> 人越是明白對方內心，就會越有好感。與部下溝通的時候，可以加入一些自我披露的內容，縮短與對方的距離。

腐女

意　　義	喜歡描寫男性之間戀愛故事的小說、漫畫的女性
類　似　詞	BL／貴腐人
使用方式	「我在乙女路※上看到總務課的A小姐，她可能是腐女」

（※：東京池袋一條都是動漫畫周邊及二手同人誌店家的路）

此指喜愛描寫男性戀情（BL），也就是男人與男人戀愛的小說或漫畫的女性。有些年紀較長的腐女會被稱為貴腐人。**情感豐富、想像力強**，除了專門描寫BL或同性戀情的作品以外，也會以同性戀觀點來看一般的小說、漫畫或連續劇當中男性之間的互動。由於自嘲這樣的思考及傾向根本就「腦袋腐爛了」因此轉變為腐女這樣的名詞。與有著相同興趣的人容易建立人際關係。另外，由於電視連續劇「大叔的愛」大受歡迎，因此BL市場也有擴大的趨勢。她們喜歡BL的理由之一，被認為**可能是將自己「投影」在BL的某一方上**。但也可能是由於性多樣化的影響，思考方式不止一種、也有所拓展。

> 一般來說腐女被認為想像力豐富。與有著相同興趣的夥伴及同人誌活動會場上與人交流往來，容易建構關係。

鬧脾氣

意　　義	內心不滿、不平，因此鬧彆扭的樣子
類　似　詞	鬧彆扭／自暴自棄／使性子／心情差／不開心
場　　合	無法照自己所想的進行

有些人會因為事情無法照計畫進行而遭到上司斥責、又或者是自己盡可能做好卻沒能獲得高評價等等，就露出鬧脾氣的態度。雖然有很多不同情況，不過大多會在感受到自己的實力沒有被認可時，就很容易鬧脾氣。人類有著**希望他人認可自己的欲望（他人認可欲望）**，因此當然會希望大家對自己能有正當評價。任何人遭到他人誤解，都會覺得不開心的。

雖然使性子也是無可厚非，但耍脾氣也沒有任何好處。反而可能被周遭的人烙上「這個人很難應付」的印記。這種時候應該要客觀的看自己，最好先從**弄清楚鬧脾氣**的原因何在做起。

> 如果知道鬧脾氣的原因何在，那麼就思考接下來自己應該做什麼、為了解開周遭的誤會應該怎麼做，然後去執行。

愛名牌

意　　義	喜歡名牌並購買的人
類 似 詞	愛顯眼／購物狂
使用方式	因為喜歡名牌而不斷借錢

喜歡名牌的人，除了家境富裕以外大致分成三種。一種是虛榮心及自我彰顯欲望強烈，因此想藉由名牌的力量，讓自己看起來比實際上來得偉大。第二種是由於認為「自己並不是什麼了不起的人」、「自己沒有什麼好自豪的」，也就是對自己評價非常低，但是「想被人認可」的欲望又很強烈，因此買名牌來**滿足他人認可欲望**。第三種是買名牌成癮的人。如果這種看似成癮的習慣已經引發某些問題，卻還是無法停手的話，那麼就可以合理懷疑是成癮了。

一旦成為成癮症狀，要靠自己的意志脫離這個情況是非常困難的。最好藉助自助團體、諮詢中心、心理疾病科等單位的力量。

> 喜歡名牌的人有想讓自己看起來比實際上更偉大、他人認可欲望強烈「希望大家認可我」、以及已經購買名牌成癮的人。

外遇

意　　義	與配偶以外的人交往
類 似 詞	姦淫／密會／出軌
使用方式	在一起的課長和A子小姐都是外遇

有許多人並不希望人生破滅卻還是走上外遇之路。具體的理由種類繁多。可能是對配偶不滿；希望獲得日常生活中無法得到的高昂情緒；單純無法壓抑自己的性慾等等。又或者只是想確保一個預備的對象。共通點就是**對於現在的生活有所不滿**。

盡可能和對方談論生活中有什麼希望、各自留下享受生活的空間，這樣就能消除配偶外遇、或者自己想要出軌的可能性。如果這樣配偶還是想要外遇，那麼就可以認定雙方關係或者內心應該隱藏著什麼問題。如果想要維持婚姻生活，就必須**前往諮詢中心等，重新自基本審視兩人的關係**。

> 外遇通常是與配偶現在的關係有極大關連。這可以說是對現狀不滿而產生的行為，最好能重新檢視生活及彼此的考量。

靠近

這是我們變親密的證據!!對吧!!

禮物

意　　義	贈送的東西
類 似 詞	贈品／伴手禮
場　　合	生日／聖誕節／慶祝／紀念日

禮物是贈送給感情好的對象、或者希望能夠感情變好的對象的東西，也就是表達一種好意。由於**「互惠規範原理」**（→P167），人類通常會以好意回報好意，因此這是建構人際關係非常有利的手段。但若是金額太高的東西可就不好了。

短篇小說名作家歐·亨利（O. Henry）曾寫過一篇「賢者的禮物」。故事描述一對貧窮的夫妻為了要送對方聖誕節禮物，而在金錢方面傷透了腦筋。丈夫將自己自豪的錶拿去當了，買了能讓妻子裝飾在美麗長髮上的「玳瑁髮梳」。而妻子卻為了買下能讓丈夫掛錶的「白金錶鏈」而剪下頭髮拿去賣掉……。雖然看起來是非常諷刺的擦身而過，但作者卻將標題訂為「賢者的禮物」。在禮物背後的心意才是最重要的。

> 送禮是建構人際關係非常有利的手段，但忽然送非常高價的禮物就令人不敢恭維。很可能會造成對方抱持警戒心、因此拉開距離。

年收入在一千萬以下根本不算男人。

職業女朋友

意　　義	為了自己的利益而扮演對方喜歡的女人
相 關 詞	女子力很高
使用方式	他的新情人怪怪的，該不會是職業女朋友吧？

原本職業女朋友是用來批判「扮演成對男人來說非常適合的女朋友，藉此獲得錢財、物品地位等，但其實是非常奸巧、也就是非常狡猾的女性」，是一個創作性的詞語。「職業」意思就是**「靠著成為女朋友來維持生計」**也有**「彷彿專家一般認真演出」**的雙重意義。

但是，近年來也有些情況是將女性應有的樣貌認定為：「男朋友出軌、或者被怒罵、使來喚去也不會有任何怨言，對男人來說非常方便的女人」，並且將這種女性稱為「職業女朋友」以作為一種稱讚，這種誤用也流傳了開來。會這樣想的人應該不是需要「愛他的女朋友」，只是想要「方便的女人」而已吧。

> 職業女朋友指兩種極端的情況，一種是將男性放在掌心把玩的狡猾女性；另一種則是只有諂媚且服從才能締結關係、內心脆弱的女性。

做便當

意　義	自己、丈夫及孩子的午餐
相關詞	炫耀／競爭
使用方式	每天早上做便當是種負擔

便當裡面該如何是好，有時會因時間與場合不同而成了大哉問。忙碌的時候會以時間為優先考量，但仍然**必須考量華美（色彩）、營養均衡、口味、預算、衛生、烹調花費時間等等**。如果是家庭主婦，還得加上丈夫與孩子的口味喜好及能吃下的量，以及他們打開便當的時候，也會很在意其他人的視線及評價一事。

最近也有很多便當的照片投稿到Instagram等的ＳＮＳ上，因此便當的外貌比起從前更加受到重視。也因為如此，有許多人因為做便當而產生了很大的壓力。如果覺得這種事情令妳感到疲憊，那麼只要回頭想想**便當原先的目的**就好。

> 一想到便當會面臨他人的目光及評價，就會每天都非常煩惱。但請不要想到什麼要拍美照之類的，回歸便當原先的用途吧。

法會

意　義	為了祈禱死者冥福而在忌日舉辦的儀式
類似詞	頭七／七七四十九天／一年祭／三年忌／弔唁
使用方式	「明天有法會，因此無法參加（活動）」

法會是佛教信仰當中，為了祈禱死者冥福、因此聚集與死者較親近的人，於忌日舉辦的儀式。近年來通常會在頭七時與葬禮一起舉辦，除了一年忌、三年忌以外通常只有家人或親戚。從其他家庭嫁進來的女性在舉辦法會的日子通常非常辛勞。

不同地區及家族，法會的做法及規則都會有所不同，當天不管是好是壞，所有親戚的目光都會聚集在這裡。這種時候，**請找出願意接受這種事情的對象，帶著「請務必教我」的心情接近對方**，這也是個方法。但如果太過貼近，也可能會遭人背地裡批評。畢竟實際上見面次數並不多，想想並不需要刻意加入親戚群當中，也沒有關係。

> 法會是非常辛苦的。雖然也可以試著找到夥伴，不過可以在心理上切割開來，與其要和大家變親近，不如就保持些距離吧。

好啊！火鍋警察！！

做好囉

家庭派對

意　　義	在自己家裡招待客人、自己動手做料理
類 似 詞	請客人來家裡／招待／接待
使用方式	「有人請我去他的家庭派對，我該帶什麼去？」

主辦家庭派對、又或者擔任聚餐召集人的女性有三種類型。一種是**對自己的評價很高、喜歡照顧他人且擅長執行領袖工作的人**。由於會精力十足的辦活動，因此不會太在意一些麻煩、雜亂的事情或者一些小失敗。充滿了自信，心理上也有餘地享受不安與緊張，因此演講或者表演也很容易成功。由於喜歡照顧他人，因此這種女性召開的家庭派對通常都是開朗愉快，來賓（參加者）也都會覺得非常滿足。

第二種則是**為了確認自己在女性階級當中佔據最上層，因此舉辦家庭派對或者聚餐**。與其說是招待賓客，不如說是把比自己低等的人都找來，藉由他們的舉動來確認自己的地位以求安心，且其意圖通常很明顯，因此參加者無法打從心底享受派對。

●喜歡被大批人包圍

第三種，則是**喜歡被大批人包圍，因此頻繁開家庭派對或者聚餐**。他們非常怕寂寞，無法忍受自己一個人或者人很少。會將派對照片大量上傳到SNS上，向周遭及自己展現出自己有許多夥伴、並不孤單。由於賓客不滿足的話，會影響到他們下次前來的意願，因此這種人會非常努力辦好活動，但畢竟本人並不是真的喜歡派對，因此也常常揮棒落空。

參加家庭派對，也有能與參加者更加親密的優點。這和外食不同，也會了解對方自家的氣氛等等，因此能夠建立更深一層的關係。另外，還有個好處是不需要在意時間，可以悠閒一點。

會開家庭派對的女性有三種。可以活用家庭派對的優點來決定參加與否。

迷你專欄

光環效應

　　光環效應是社會心理學的用語。在評價特定的人物或事物的時候，若是有非常顯著的優秀特徵又或者是低劣的特徵，該顯著特徵也會對人物或事物的其他要素產生影響。

　　如果特徵是良好方面的話，整體會是好的走向；若特徵是否定性質的，那麼也會被拉往不好的方向。比如說「穿著好西裝應該也很會工作」這類，很容易只從同一個方向去看單一事物，要多加留心。

誇獎

意　義	帶著好意稱讚對方
類 似 詞	讚揚／讚嘆／感嘆／褒揚
場　合	事情順利時／想表達好意時

如果希望在意的人能夠喜歡上自己的話，那麼稱讚對方是非常重要的。人類有著對於自己抱持好意、對自己有高評價的人抱持好意的傾向。這是由於心理學中的**「互惠規範」**（→P167）效用。但是，如果對方討厭自己、又或者對自己的評價非常低，那麼這個方法就不適用了。就算是被討厭的人誇獎，也可以解釋為只是在說客套話，並且想著「這個人打算拉攏我」而提高警戒心。

對於這種對象，最好是透過朋友或者認識的人誇獎他，使用**「間接話法」**較為有效。也就是請朋友告知「某某人稱讚妳『是工作能力很強的人』」呢。與其從本人口中聽到，不如從第三者那裡聽說，可信度會比較高。

> 如果希望對方喜歡自己，那麼就誇獎對方吧。如果非常困難的話，就請朋友或認識的人間接告知「某某人很誇獎妳」吧。

帶刺誇獎

意　義	誇獎得非常過頭，企圖使對方墮落、失敗
相 關 詞	反效果／恩將仇報／背叛／打草驚蛇
場　合	煽動對方打算取而代之時

日文當中原本的意思應該是「一個人被誇獎過頭而鬆懈怠惰、又或得意忘形而造成失敗」，但後來轉用為故意過於誇獎對方，試圖使對方因此失敗。現在通常用來形容誇獎時故意惹人厭的行為。

任何人只要聽到誇獎自己的話語，都會感到開心。但若是過於開心，就很容易失去謙遜，忘了要顧慮周遭的人。會小看風險及難易度，盲目往前直衝，而導致失敗或犯錯的可能性提高。如果在誇獎的言詞當中感受到厭惡的話，最重要的就是不要受到情緒控制，而應該注意不要跟隨對方的步調。需要保持**「勝不驕，敗不餒」**的平常心。

> 帶刺誇獎是打擊人類心理弱點非常有效的方法。就算是被稱讚，最重要的還是維持謙虛的態度。不要跟隨對方的步調。

置高

我在上!!

絕對是

意　　義	比對方立於更高處
類 似 詞	自愛／自愛情結／自尊／輕蔑
使用方式	「如果一直處於置高點，那麼就沒有人能保護妳了」

這原本是動物學當中的用詞，指的是動物為了展現出自己地位較高，因此騎到對方身上的動作等。之後沿用到表示人際關係，也就是主張自己地位比對方高的言行舉止。**非常愛自己、容易對於自己的能力評價過高、容易誇大其辭類型者**經常會有這種情形。

他們認為「我什麼都辦得到」、「沒有像我這麼優秀的人」，實際上也經常把這些話掛在嘴邊。如果在工作等方面失敗、優越性遭到否定，為了維護自尊，他們會說謊、或者將責任推卸到別人身上。比方「那個人扯我後腿，所以我才會失敗。這不是我的責任。都是那個人不好」等等，也經常會轉嫁責任。為了要抑制這種人，有些人會給予強烈的建言，但對方缺乏責任感，若是一不小心跟著對方的步調走，很可能會造成自己的損失，要多加注意。

●增加中？的置高女子

會做出置高行為的人非常渴望讚賞，生活中期待自己到哪裡都是比較特別的存在。非常沒有同理心、也不太留意到別人的感情或痛苦。認為人際關係是上下、勝負問題，因此會嫉妒地位比自己高的人、並且認為地位較低者一定非常嫉妒自己。

就算只是小小的批評，她們也會受到傷害、對於批評者感到強烈的憤怒。有時會看起來像是有點謙虛的樣子，但所說的話卻透露出「我比妳有力量多了」、「所以妳應該要尊敬我」的訊息。

請謹記一直將自己置高，只會非常疲憊。這並不只單指自己置高，也包含互相競爭。因為意識都集中在與對方互較高下、戰鬥等，因此**會身心俱疲**。還請留心由此獲得的利益，並沒有想像中的那麼多。

有時請回頭看看置高的自己。發現其實並沒有那麼多利益，堅持要贏的自己反而看起來很蠢。與其浪費那些能量，不如用在更加有益的事情上吧。

模仿

意　　義	與他人做出一樣的言行舉止
類 似 詞	同步／演技
使用方式	熟練的秘訣就是模仿老師及前輩

關於模仿的效果，美國的心理學家塔尼爾·查特蘭（Tanya Chartrand）曾進行過一個實驗。

首先請實驗中初次見面的對象談一陣子話。之後詢問兩人對彼此的印象。當中一個人其實是為了實驗而雇用的人員，他事前就收到指示，在兩人談話的時候，模仿對方的動作及話語。結果參加實驗的對象，都對於雇用人員抱有好感。並且認為對方對於自己抱持的好感，應該比自己對於對方抱持的好感還要來的多。

如果希望喜歡的人也喜歡自己的話，那麼就觀察對方的動作與表情，對方笑就跟著笑、對方手在動就跟著一起動自己的手、模仿他所有動作以及表情。這稱為**鏡像模仿（mirroring）**，可以提高獲得對方好感的可能性。

●模仿自己憧憬對象的言行舉止

美國心理學家津巴多（Philip George Zimbardo）曾進行過一個史丹佛監獄實驗。這個實驗是以模擬監獄為實驗場所，募集來參加實驗的一般男性分為看守與囚犯兩種，並請他們各自扮演角色，觀察每個人是否會因為其角色而在言語及態度上有所改變。結果實驗才開始沒有多久，扮演看守的人越來越傲慢、而扮演犯人的則越來越消沉。由於扮演指定角色，因此自身內在的「支配性（看守）、被支配性（囚犯）這種「關係性」會對於心情造成變化。這也可以說是一種模仿。

有些女性會模仿他人擁有的東西或者動作等。**作為提升自己的手段，可以試著模仿憧憬對象的幾個言行舉止**。這能夠成為改變自己的一種動機。但是如果太過火的話，很可能會對於模仿一事成癮，因此必須同時培養自立心。

> 對方笑的話、自己也會笑；對方看向自己，就看向對方；對方手在動就跟著一起動自己的手。模仿也可以是改變自己的一種動機。但這只是暫時性的方法，最好還是要維持自我。

媽媽朋友

意　　義	透過同世代孩子而認識的媽媽們
類 似 詞	公園出道
場　　所	公園／托兒所／幼稚園／小學／才藝班／社區住宅

所謂媽媽朋友，是同為年幼孩子的母親們之間的人際關係，從孩子公園出道（→P92）開始，隨著孩子進入托兒所、幼稚園、才藝班等等，孩子成長的同時也會認識新的媽媽朋友。

大家可以分享生產及育兒的辛勞、托兒所及幼稚園等相關資訊、小兒科的資訊等等，對於母親來說是有益處的關係，但也會發生媽媽朋友階級、老大媽媽（→P167）支配眾人、霸凌等等獨特問題。

近年來媽媽朋友們之間的磨擦爭執、問題等都較受到重視，由於人際關係使得內心受到傷害的母親非常多，甚至有**「媽媽朋友地獄」**這個詞彙出現。

●團體規範造成壓力

如果感覺到「無法和媽媽朋友們變親密」、「總覺得定不下心」，那麼可能是因為內心對於該媽媽朋友集團的規範有抵抗感。所謂團體規範，是不管如何鬆散的團體或群眾，只要有複數成員存在，很自然就會形成的一些規則。一旦形成了規範，就會束縛成員，對於心理層面持續造成壓力。這就叫做**團體壓力**。

●就算是為了孩子也不能太勉強

如果要離開媽媽朋友團體的風險太大，那麼**一開始就找到少數幾個比較合得來的對象，盡可能建立好人際關係**。只要有一個比較合得來的夥伴，那麼在痛苦難過的時候，也能夠互相勉勵、一起度過。

另外，就算是為了孩子，也不能過於勉強自己。這原本就是在孩子延長線上的關係。只要孩子長大了，那麼很可能自然會離開這段關係。

> 媽媽朋友這種特有的人際關係，不可以太過在意。這並不是自己選擇的朋友，而是透過孩子認識的對象。只要升上小學、國中等，環境開始變化，關係也會隨之不同。

噹！

老大媽媽

媽媽階級

意　義	由媽媽朋友團體中而生的上下關係、等級
類似詞	女子階級／學校階級
場　所	媽媽朋友團體／公園／幼稚園

媽媽朋友之間也非常容易產生上下關係及等級。最麻煩的就是老大媽媽這種有特別權力的女性，存在於所有媽媽朋友團體之中。老大媽媽通常擔任托兒所或幼稚園中家長會的幹部，具有特別的發言力及影響力，如果被那個人討厭，那麼在團體中的立場也會大幅惡化。甚至可能遭到其他媽媽朋友無視、又或者被霸凌。

人類為了獲得締結人際關係的對象、又或者是打算締結關係的對象的好感，會有各式各樣的機制運作。可以贊成對方的意見、展現出與對方站在同一邊等，為了取得對方得好感而進行的事情，在心理學當中稱為「逢迎」。**「逢迎」的對象不限於有權者，但有權者很自然就會被選為逢迎對象。**因此老大媽媽的權力也會更加集中。

●孩子升上小學以後，人際關係會重新來過

老大媽媽講話非常大聲、不能寬容反對者。如果遵從老大媽媽的人增加，那麼媽媽朋友之間便會產生上下關係，而有力量的老大媽媽，其力量與權限也會更加集中。媽媽朋友之間的地位，也是受到老大媽媽疼愛的人地位較高；而被老大媽媽討厭、或者輕視的人地位就會低。

如果無法找到意氣相投的夥伴，那麼就和媽媽朋友團體**保持一點適當距離**。在孩子進入小學以後，母親的人際關係也會隨之變化。雖然可能會辛苦一點，但是小學以後也比較不需要接送上下學，不容易和孩子小時候的媽媽朋友那樣產生緊密的人際關係。

> 如果不想跟隨老大媽媽，那麼就和媽媽朋友團體保持適當的距離。孩子進入小學以後，母親的人際關係也會重新調整。

你專欄

互惠規範

返還性的原理當中有一個是「互惠」規範。這是一種如果有人對自己做了什麼，就得要還給對方的心理狀態。比如說收到禮物的話，就會想要回禮給對方。這就是返還性的原理。

相同的，如果有人對自己抱持好感，那麼自己也會容易對於對方抱持好感。因此如果希望對方喜歡自己，技巧之一就是不斷向對方一點點的透露自己對他的好感。

興趣　作業　SNS

一步一腳印

意　義	不言辛勞、腳踏實地、努力工作
類 似 詞	拼命／勤勉／努力
使用方式	「那個人是懂禮數又一步一腳印的人」

啪啦啪啦啪啦

就算想要好好工作或唸書，但總是沒能真的動手做。因為被遊戲或者SNS等其他東西分了心，結果就把應該要做的事情擺到後頭去了。如果這種傾向非常強烈，那麼就有可能是心理學上說的**達成動機較弱者**。

所謂達成動機，是指積極著手處理課題或者目標，並且打算完成的心情。達成動機強烈的人，只要給予課題，他就會馬上處理、唰唰地迅速完成。而達成動機弱的人則心情上無法配合，一直都不會動手做。甚至可能在達成動機強的人都已經完成以後，才打算開始動手也不稀奇。

一步一腳印的人通常是**達成動機強烈的人**。不過，他們通常都是一開始就是這樣的人。達成動機弱的人，也有可能是因為有許多煩惱、因此無法集中在單一事情上。如果是這種人的話，那麼就先把自己的問題一個一個解決掉吧。

●見越多次面就越喜歡對方

達成動機弱的人可以將「馬上動手做」當成目標，從容易做的事情開始下手。如果是學生的話，就算只是把功課拿出來攤開在書桌上也好。只要把功課放在書桌上，目標就算達成了。設定如此近距離的終點，只要到達終點就給自己一些獎勵。只要這樣多重複幾次，就能把馬上開始這件事情養成習慣。

一步一腳印的人在**建立人際關係方面也非常有利**。由於對於和對方連絡、約定見面這些事情也都非常認真，因此積極打造與對方見面的機會。而人類只要與對方見面的機會越多，就會由於「單純曝光效應」而對常見面的人抱持好感。

在細節方面也非常留心去做的人，在舉辦活動、處理旅行事宜、擔任典禮幹部等方面也都能大為活躍。

> 一步一腳印的人達成目標的動機較為強烈，面對課題總能一項項解決。另外他們也會頻繁打造見面的機會，因此對方容易對其抱持好感。

懷孕憂鬱

意　　義	懷孕當中或產後，沒有任何理由就非常消沉等情緒不穩的情況
類 似 詞	產後憂鬱／婚期憂鬱
場　　合	產前產後的女性

所謂懷孕憂鬱，是指懷孕的時候或者生了嬰兒之後，突然就感到非常悲傷、哭出來、情緒不穩等等。一般認為這是由於對生產感到不安、且有許多不習慣的事情，造成疲憊及壓力。除此之外，也會因為荷爾蒙產生變化造成這類現象。懷孕期間胎盤會製造大量荷爾蒙，隨著生產排出胎盤以後，體內的荷爾蒙量會急遽減少。

　　一般只要經過一段時間就會自然恢復，但如果好一陣子了，症狀都沒有改善的話，就有可能是**產後憂鬱症**。憂鬱症是一種疾病，必須盡早就醫。如果身邊有這種人的話，請支持對方**前往醫療機關商量**等。

> 生下小嬰兒之後體內荷爾蒙會失去平衡，加上生產及育兒的疲勞，很容易情緒不穩定。如果一直沒有改善的話，就有可能是產後憂鬱症。

婚期憂鬱

意　　義	時間越接近結婚，不安及倦怠感就越來越嚴重的狀態
類 似 詞	懷孕憂鬱
場　　合	結婚前，主要是女性

結婚是一件值得賀喜的事情，但對於當事人來說可能是股巨大的壓力、又或者是不安的對象。隨著結婚的時間接近，興奮感會越來越淡薄，甚至可能想著「我嫁給這個人真的好嗎」、「結婚之後我能和公婆處得好嗎」等負面情感，結果陷入婚期憂鬱。

　　美國的社會學家荷姆斯認為，結婚、就職等人生活動會給人帶來極大的不安，而不安的程度並非是對自己好或者不好，而是以必須改變多少現有的環境以及生活來決定的。由於結婚會讓生活及環境產生劇烈改變，因此婚期憂鬱也是理所當然。**大多數只要繼續準備結婚事宜，很自然就會恢復平靜。**請記得「這只是一時半刻的事情」，不要想得太過嚴重。

> 婚期憂鬱對大多數人來說都只是一時半刻的事情，只要繼續準備結婚的事情就會慢慢恢復平靜。但如果沒有結婚對象適當的支持，很可能心就會走遠。

我如何啊？

魅力

意　　義	獲得強烈關注與好感的能力
類 似 詞	魅惑／性感／迷人／蠱惑
使用方式	她的笑容魅力十足

會 喜歡上一個人的條件，舉例來說有容貌（外表）及性格。與容貌相關的問卷調查中指出，男性是否能夠喜歡女性，第一個判斷材料就是臉龐及髮型。接下來看的則是腿，有許多男性認為穿著迷你裙或者短褲的時候，直直伸出的健康感腿部給人非常有魅力的感覺。

另一方面，女性會覺得有魅力的女性，當然也會有一些外貌上的條件，但也包含**積極、重視家庭等生活方式令人感到魅力、讓周遭變得非常開朗的魅力**等等，這些屬於內在的層面，有這些性格會是大家憧憬的對象。重視自己、醞釀出對自己的自信就是魅力。

不過，有魅力的人除了是大家的憧憬對象以外，也會成為嫉妒對象。

有魅力的女性並不單純是外表美麗，同時內心也具備柔軟性、重視自己。那份信賴自己的感覺醞釀出魅力。

喔～　喔～　然後啊，我和他去開車兜風呢。

毫不關心

意　　義	對於對方或者對象毫無興趣
類 似 詞	不關心／冷淡／冷漠／不知情
使用方式	一聲都不吭，證明他毫不關心

在 人際關係當中毫不關心，這與嫉妒或者厭惡的情感相比，是情況有些不同的麻煩問題。

一般人類都會希望受到他人關心。因此對方展現出沒有興趣、不關心的態度，就會使人感到受傷。當然受傷的那一方會對毫不關心的人感到怒意，但不關心他人者也會覺得**「我又沒有攻擊別人，反而被人攻擊！」**但如果對方也對自己毫不關心，那麼就會覺得無所謂。實際上毫不關心的態度，是表示沒有互相理解。為了要建立人際關係，請**努力試著稍微打開心房**。如果能夠講到具體的話題，那麼再從那裡開始。另一方面，也不需要特地逢迎那些對自己毫不關心的人。

毫不關心的態度無法建立良好的人際關係，大多對本人來說也沒有什麼好處。可以的話就稍微關心一下別人，努力建立人際關係。

呆立

無視

意　義	將明明有的東西當成不存在
類似詞	毫不關心／裝沒看見／撇過頭去
場　合	打招呼的時候／叫人的時候

無視區分為有意識的及下意識的。叫了也不回應。明明拜託對方，卻始終都沒做那件事情。雖然提出意見但連到底是否採用也不做任何反應。被無視的人會有種「這個人不把我當一回事」的被拒門外感、無力、絕望、憤怒等等。這當然不能說是一種好方法，不過無視本身也是**一種自我主張**。當中除了有「想斷絕關係」的強烈念頭以外，還有一個就是**你應該要重視我、你要先向我道歉、因為是你不好**。有時候可能會包含這些訊息。但如果是有意識的進行無視行為，那麼就可能是為了報復，若對方做得非常徹底，那麼就不是小小的嫉妒或厭惡，而是非常殘酷地希望給對方重大打擊。

建立互信關係需要很長一段時間，但崩壞卻是一瞬間。如果無視的情況變得非常嚴重，那麼就必須找第三者來介入談談。

給你專欄

對於團體的認知扭曲及偏見

我們在生活當中勢必會隸屬於各式各樣的團體。學校、公司、國籍都算在內。性別、家族、甚至年齡層都可以說是廣泛定義的團體。

對於自己不熟悉、並未加入的某些團體（外部團體），有些人會不分青紅皂白的認定「媽媽朋友都是○○的人啦」、「年輕人就是……」。這表示他看到不屬於自己團體的人，就會認為其他團體的人都是一樣的，原因之一是外團體同性質偏見。所謂偏見是指認知上的偏差扭曲。如果對於某個團體的特定想法固定下來，那麼就會變成偏見。

年輕人團體

媽媽朋友團體

自己不屬於某個團體，因此覺得對方團體裡的人看起來都一樣。

女兒

意 義	女性孩子
類似詞	令嬡／小姐／女孩子
使用方式	好好養育獨生女

心理學家榮格認為女孩子對於父親有強烈愛情、而對於母親則有著激烈的反抗意識，並採用希臘神話為典故取名為厄勒克特拉情結。但是，在日本由於母親和女兒會一起度過非常長久的一段時間，因此孩子比較容易與母親養成過度的母女親密關係或者有母愛情結（→P14）。

教育心理學家奧野明指出，若父母採取錯誤的養育方式，就會造成孩子各式各樣的問題。當中包含**過度保護、過度支配、過度服從型的母親**，容易造成有母愛情結的孩子。

●如果照顧過頭，孩子永遠都不會成熟

過度保護型的母親會先處理完孩子應該要做的事情，過於照顧孩子。因此會奪走孩子失敗或成功的經驗，孩子永遠都沒辦法成熟，對於生活習慣的熟悉度也非常遲緩、很容易想太多、懦弱、孤獨、欠缺忍耐力、不適應團體生活等，這些都是孩子會面臨的問題及課題。而在母親眼中，這些「都是為了妳做的」。

過度支配型的母親則如字面所說的，會支配自己的孩子，將**母親的想法與理想強行加諸在孩子身上**。孩子會被養育成順從、消極、羞怯的個性；又或者是相反的情況，轉變為討厭母親的支配，而採取攻擊性、反抗的態度，甚至可能離家出走或成為不良少年。通常這類母親本身可能也被自己的母親支配。

過度服從型的母親則是完全聽從孩子所說的。把孩子說的話都當成最優先的事情來處理。孩子會被養育成自我中心、任性的個性，就算長大成人，只要想要什麼東西，就很容易發生退化（回到幼兒狀態）的情況。

●女兒為了自母親身邊獨立而千辛萬苦

　　不管是男是女，都有許多苦於母愛情結的人。大多數是過於依賴母親，不管是餐飲或是金錢管理、甚至連日常生活都需要靠母親照顧，要從母親身邊獨立是千辛萬苦。母親也非常溺愛女兒，照顧女兒就是她的生存意義。如同前一頁提到的過度支配型，有些母親會將女兒的一切都當成自己的，說著「這樣比較好」然後支配女兒的行動，控制女兒來滿足自己。

●也有些案例是互相依賴的共存關係

　　這樣的母女當中有許多案例是**互相依賴共存**，也就是共生的關係。共生是指其中一方依賴另一方，而另一方面也完全配合此方欲望，互相緊抓彼此不放的狀態。母親會一心想著「女兒沒有我就活不下去」，其實是因為沒有女兒的話，就不知道自己的存在理由。這很明顯是一種依賴特定對象的人際關係成癮。

　　和其他成癮症狀相同，必須要獲得丈夫等其他家人以及周遭的協助，與依賴對象——也就是女兒斷絕關係，離開依賴的對象。如果能順利離開女兒，那麼就有可能恢復正常且健康的生活。而女兒是否能從母親身邊獨立，也是端看能夠拉開多少心理上的距離。

　　原本這種時候會覺得應該是父親要負責處理，但他們對於這種場面的處理能力非常低。母女的問題，原本就很容易是由於父親與母親之間有夫妻問題，而造成重大影響。因此除了女兒以外，父親也應該要將此視為**家庭問題**，認真著手處理才行。

　　家族當中的結構，有可能是同性的母親及女兒聯手與父親對立。一旦成立這種關係架構，母女就會越來越親密。

如果母親和女兒成為共生關係，那麼就只會越來越親密。有時候根本上是由於夫妻問題橫在眼前。如果是這樣，只要家庭問題沒有改善，母女的問題也無從解決。

群聚

意　義	多數人一起行動
類 似 詞	打造集團、團體、派系／群眾／集會
場　合	在學校或公司的小圈圈

想與有錢人結婚的團體

明明沒有什麼主義或者主張，卻打造出一群人一起的狀態，就稱為「群聚」。群聚的人基本上大多是他人志向類型者。他人志向類型者平常就特別關心自己周遭的人們、尤其是有領導氣質者的言行舉止，並且留心不讓自己從這些人的意見、思考方式或者行動等脫離。

如果形成了某種集團或者團體，就會產生與周遭人採取相同行動的同步動作，做一樣的行動就會共享興奮感、勇往直前的**群眾心理**也會大量運作，甚至可能會做出脫離規則或者嘗試之事。如果在群聚團體當中，就很難看到外面的世界。希望大家都能擁有客觀的視點，就算有群聚團體的規則，也要冷靜判斷「遵守／不遵守」。

> 群聚在一起的人大多是他人志向類型者。群聚在一起的時候容易產生同步行動及群眾心理，因此行為會越來越誇張。必須要有冷靜、客觀的視點。

人家美麗～不懷那種事情呀～

那傢伙好煩！

眼中釘

意　義	對於某人抱持憎恨，有想要攻擊對方的心情
類 似 詞	憎恨某人／敵視／懷恨／抱持敵意
使用方式	只是稍微斥責一下就被當成眼中釘

敵視且憎恨對方就是把對方當成「眼中釘」，容易樹敵的人就容易成為他人的「眼中釘」，但也有分很多種情況。首先，**顯眼的人容易引人矚目**。容易被周遭嫉妒等等、也就容易樹敵。如果過著受人羨慕的生活，想必也會遭到敵視。第二種是**不考量周遭氣氛的類型**。毫不謙虛總是虛張聲勢、以及不會判別周遭氛圍的人也很容易樹敵。

為了不要成為他人的眼中釘，可以多加小心上述事項。但是也有些人是把所有人都視作眼中釘、會攻擊他人，最好的方法還是不要接近那些人。

> 有些人很容易被他人視作眼中釘。如果有這樣的感受，那麼就重新審視一下自己的行為。不要接近攻擊性強的人也是對策之一。

很關照人

意　　義	經常照顧、關懷他人
類 似 詞	愛照顧人／面面俱到／細心
使用方式	「她對任何人都很關照呢」

不管是什麼樣的集團群組當中，都會有非常會關照他人的人。實際上也會擔任訓練新人，會親切教導所有規則、等級、規範及事情做法等等。對於新人來說，他們是非常可靠的存在。**通常被認為很會關照他人的，也大多擅長聆聽他人說話。**而人類對於願意傾聽自己說話的人，也容易敞開心房。

出自於有意識或者下意識，不否定對方話語、會站在對方立場傾聽他人說話的，原先的同理心能力就很高。一邊活用這種能力，表現出聆聽話語的態度，然後點頭、偶爾回應，對方就會感覺「這個人是真的願意接受我」，進而提升信賴感及好感。

> 被認為很會關照他人的，也大多擅長聆聽他人說話。他們不否定對方的話語、會站在對方立場傾聽他人說話，同理心能力很高。

迷你專欄

救助的心理

有許多人會參加義工活動、捐款活動、看到受困的人就想去幫忙對方。這種時候，是什麼樣的心理作用在運作呢？

社會學者古爾德埃（Alvin Ward Gouldner）認為，這是由於人類內心認為如果救助有困難的人，將來自己困難的時候就會受到救助，因此採取這類行動（互惠原理）。除此之外，在教育場合當中也有社會學習論，認為可在幫助他人時學習信賴及責任；另外還可能感受到幫助他人的救助行動所獲得的利益，遠比花費的成本高，這是一種交換理論。我們會採取救助行動，實際上是有非常多不同的心理作用造成的。

動機

意　　義	為了達成目的而立下的原因、意欲
類 似 詞	士氣／達成動機／忠誠
使用方式	聽著喜歡的音樂就覺得提升動機

所謂動機，是指人為了朝著一定的方向及目標行動，作為維持這行動理由的某種事物或者內心作用。尤其會用在工作、減肥、唸書、家事等方面。為了要提高自己的動機，方法之一是**要有明確的目標及目的**。如果都是女性，那麼就一起減肥等，大家一起朝目標努力，也可以維持動機。

另一方面，要提高他人的動機雖然非常困難，但是要降低卻非常容易。舉例來說若是部下失敗了，說一些「我還以為你行的呢」、「也許你本來就沒辦法吧」、「要是某某人大概就沒問題吧」等帶刺的話，只會讓對方更加意志消沉。降低部下工作的動機，不管是對於當事者或者組織來說都沒有好處，但在所有組織團體當中，卻都充斥著這類說法。

也許說這些話的本人，其實是想要激勵部下的，但背後卻顯示出**對於部下的自我彰顯欲望以及支配欲**。別說是要部下尊敬這種上司了，如果持續做這種事情，不僅僅是降低部下的工作欲望，上司與部下之間的關係也肯定會惡化。結果就是對於之後的工作及企劃的惡性影響難以計量。

●提高同理心、引發對方挑戰心情

最重要的是，上司應該合理找出失敗的理由，試圖不讓失敗再度發生，徹底激勵消沉的部下，提高對方的工作動機。為此必須捨去「我就是」意識，來**提高同理心**。

所謂同理心是指將對方所感受到的事情、痛苦、煩惱等，全部當成自己的事情來感受的能力及姿態。同理心能力高的人可以理解對方的感情、緊張及痛苦，因此不會說諷刺的話、也不會斥責對方。反而會將重點放在對方的優點及強項，好好地將對方的挑戰之心拉出來。

要提高他人的動機雖然非常困難，但是要降低卻非常容易。如果提高了動機，那麼最重要的就是維持下去。

除厄

意 義	為了使今後的人生無災無厄平安度過而進行祈禱
類 似 詞	去厄運／去霉運／安太歲
場 合	當年為厄年

（※：日本的厄年算法與中國曆法不太一樣，但大致上與犯太歲的概念相同）

平　安時代的陰陽道當中，把容易遇到災厄、必須謹慎度日的年齡（虛歲）稱為厄年。一生當中男性會遇到3次、女性則是4次，並且有前厄、本厄、後厄總共連續3年。最好避免在此期間結婚、生產、建房、搬家等會造成極大環境變化的行為。厄年並沒有科學根據，女性的「大厄」33歲也只是因為在日文中與「散散」同音。不過**有時候會因為荷爾蒙變化而剛好與容易身體不適的時期重疊，因此要相**信到什麼程度完全是個人自由。神社佛寺都會為人進行除厄的祈禱，栃木縣的惣宗寺（通稱佐野厄除大師）等就非常有名。女性們也非常喜歡前往神社或寺廟等地參拜旅行，甚至有「御朱印女子」這種詞彙的出現。搭配能量景點（→P151）巡禮也非常受歡迎。

> 在荷爾蒙容易紊亂的時期避免環境變化，可以減少壓力、進而健健康康無意外。也有人平時就會去神社。

溫柔

意 義	對於他人有體貼之心
類 似 詞	沉穩／親切／細心／溫暖／能體貼他人
使用方式	我非常感謝好友的溫柔

溫　柔之人的共通點，就是待人處事柔軟、總是笑咪咪的、不會使用嚴厲詞語等。但是，並不是因為對方人很好，就表示他是個軟弱的人。通常**真正溫柔的人，都是因為有非常堅強的自我、且自信十足，所以才能有多餘心力溫柔對待他**人。而他們多餘的心力就表現在笑容、親切及體貼上。另外，有時候不理會對方、又或者是內心痛苦仍扮黑臉提建言，也都是溫柔。

　　一般來說日本人男性心中描繪的「溫柔女性」代表就是護理師、幼稚園老師等職業。這些職業給人笑容滿面、體貼、適時照顧他人等印象。而另一方面，女性則認為「能夠老實說出感謝及道歉話語的人」、「願意傾聽自己說話的人」是溫柔的女性。

> 所謂溫柔，表示有體貼他人的多餘心力。正因如此，不同情況下也可能採取嚴厲態度。女性則傾向希望對方的話語或者對話溫柔。

羨慕忌妒恨

意　　義	想要攻擊那些受到讚揚或者獲得好評的人的心情
類 似 詞	嫉妒／羨慕／吃醋／出頭釘就要打下去
使用方式	「因為羨慕忌妒恨所以使點壞心眼」

這是表示一種混合了羨慕與嫉妒的心境。如果看到他人成功或者優秀的樣子，就會拿對方和自己比較，覺得自己無法做到相同的事情（又或者是不能做的事情）就會單方面感到羨慕忌妒恨，而開口說些酸言酸語，甚至放出一些不好的謠言、做出攻擊性的行為。

如果發現自己有這種心情的時候，**可以試著自問自答，是真的想做一樣的事情嗎？**看起來閃耀動人的對象，也許背後可是努力到嘔血呢。

容貌姣好、有錢、很早就出人頭地等等，這類顯眼的人很容易遭人羨慕忌妒恨。最重要的就是平時就要表現出謙虛的態度，盡可能不要被人煽動、保護自己。

> 將自己與對方比較之後產生的自卑感就是羨慕忌妒恨的真相。找出自己的真心話，重新確認是否真的想要像對方一樣。容易成為標的之人，要謹記保護自己的社交方式。

優越感

意　　義	拿自己與他人比較，並認為自己比較優秀
類 似 詞	驕傲／自負／自傲／菁英意識
使用方式	「妳認為自己比較漂亮，沉浸在優越感當中對吧？」

任誰都曾經認為自己比平均優秀，這在心理學用語當中稱為**「優越錯覺」**。而這種「比較優秀」是主觀的判斷，會因為與他人比較而有上下變動。舉例來說若是對方變得不幸，那麼他越不幸，自己的幸福感就會上升、也會有優越感。

為了要獲得這種快感，有些人會努力做出成果，因此不能一概而論是壞事。但是，那樣依靠成果獲得的**滿足感也不過是一時半刻的東西**。並不會長久持續下去，無法達到真正的自信及自我肯定感。

也有人會因為自己出生在富裕人家、家庭地位優秀等「並非依靠自己能力獲得的東西」而具有優越感。這類優越感會與自卑感並行，容易引發人種歧視、性別歧視等社會問題。

> 自己比其他人厲害！會這麼想是人之常情。但那只是與他人比較，是自己內心的看法，覺得開心的也只有自己。

不要丟下我一個人…

嗚嗚嗚…

朋友的幸福

意　　義	因為朋友開心的樣子，內心千頭萬緒
相關詞	鄰居的草皮比較綠／羨慕／嫉妒
場　　合	朋友有了人生中值得賀喜之事

喜悅如果與人分享，就會變成三倍。若是感情很好的朋友，那麼就更是如此。但是一旦遇到某些場面的時候，很可能發現自己並不是真的那麼高興。

朋友交了戀人、決定結婚、生了孩子、建了自己的房子、繼承了佫大的財產、才能被人認可……對於開開心心前來向自己報告的朋友，口中說著「真是太好了，恭喜妳」卻非常勉強才能擠出僵硬的笑容，這就表示妳**非常嫉妒**。

●由嫉妒轉為自責

妳的真心話是這樣的——好羨慕啊！我被丟下啦！居然比我先獲得幸福，我絕不原諒！這樣太奇怪了、不公平！為什麼不是我!?

在不斷燃燒妒火之後，會展開自己的反省大會。無法好好為朋友高興的自己，是個多麼惹人厭的女人啊。我真是太難看了。我實在很糟糕。也許她討厭我了。怎麼辦，明天見面該說些什麼好？啊——麻煩死了！

明明應該是非常好的朋友，但自己卻嫉妒不已。對方明明照著自己希望走在人生道路上，但自己卻非常不順利。就這樣，嫉妒到最後又會不斷責備著自己無法好好給予對方祝福。

●為了能夠老實感到開心

為了要能夠對於朋友的幸福真正感到喜悅，**請讓自己的生活（思考）更加豐富**。雖然滿足於現狀，但畢竟會有「鄰居家的草皮看起來比較綠」的心態，所以還是容易沒完沒了。如果真的覺得非常羨慕，那麼自己只要努力接近那種狀態就好。怨恨對方也不會有任何改變。

另外，如果真的是感情很好的朋友，那麼對方肯定不是為了來炫耀，而是覺得妳會為她開心，所以才來向妳報告的。**請思考一下對方的心情，努力老實感到開心吧**。

> 無法對於朋友的幸福打從心底感到開心，是因為嫉妒。思考自己究竟對什麼感到嫉妒，努力為對方感到開心。

第2部…女性的人際關係及感情辭典

輕鬆軟綿

意　　義	柔軟且具飄浮感的樣子
類 似 詞	可愛／自然／天然／童話／夢幻
使用方式	「輕鬆軟綿的打扮基本上是裙子＋針織上衣！」

這 原先是用來形容女性的外觀上，服裝不強調身體線條、髮型彷彿包裹空氣、妝容也像是洋娃娃一樣的詞彙，但如果是說「輕鬆軟綿女子」的話，通常都**不單指外表要素，也包含性格及其待人接物給人的印象**，以及這樣的人。

　　溫和、柔弱、容易身陷危險的印象，會刺激男性「想保護女性」的保護本能，因此非常為男性所接受，年輕同性也會支持；但相對的也經常會給人幼稚、摸不著頭緒、輕薄、看起來腦袋不好等不是非常好的印象。如果在妝容或者時尚方面技巧性使用輕鬆軟綿的話，要注意不可以太過火。

> 輕鬆軟棉區分為外觀上以及內在兩方面，兩者都有著吸引男性的魅力，但也有些人會輕蔑這種人。絕對不能太過火。

幼稚園接送時間

意　　義	陪同前往幼稚園的孩童上下課的時間
類 似 詞	接送上下課
場　　所	從自家到幼稚園又或是到接送公車等車處之間

大 多父母雙全的家庭，都是由母親接送孩子去托兒所或幼稚園。對於上班族媽媽（→P186）來說，這是能和孩子一同度過的寶貴時間，但同時也是與有著相似境遇的媽媽朋友（→P166）互吐苦水、交換資訊的場所。像這樣與媽媽朋友往來**有時候可以紓解壓力，但也可能成為壓力來源**，因此而覺得接送時間非常痛苦的媽媽也不在少數。

　　接與送如果有一趟是由爸爸來做，那麼母親的負擔就會減輕。另外，與其找媽媽朋友，不如積極與老師溝通，那麼在育兒方面的煩惱也能夠獲得專家建議。希望接送上下課是一段積極且開心的時間。

> 這是父母與孩子一起度過的重要時間，但也是母親之間的社交場合。如果覺得很痛苦，那麼就請求丈夫的協助，至少減輕一些自己的負擔。

婆媳問題

意　義	妻子與婆婆之間日常生活的爭執、不滿
類 似 詞	二代同居／惡婆婦／媽寶丈夫
場　合	丈夫老家／二代住宅

過往媳婦是捨棄自家嫁到其他人家裡的感覺非常強烈，因此會像女僕般被使來喚去、嚴重遭到霸凌，不過現代的婆媳問題，通常是由於婆婆過度干涉引起的。具體來說，就是**給孩子的零用錢金額、食物的品質等等，以及育兒方針的不同**。其他還有像是料理的調味、是否同居的問題都會吵起來，這類老問題橋段也都還隨處可見。

　　要解決婆媳問題，丈夫的協助是不可或缺的，但如果轉述了「母親的壞話」那麼可能遭到反抗，結果演變成夫妻吵架。婆婆畢竟是丈夫的母親，還是要有一定的敬意。請丈夫與母親劃分出明確的界限，如果需要表達自己的意見時，與其交給丈夫，不如自己老實的告知。平常就應該表達感謝的心情。

> 為了不讓婆婆過於干涉，丈夫必須與婆婆，也就是他的母親劃分明確界線，加強與妻子和孩子之間的羈絆，建立起夫妻的互信關係會比較輕鬆。

轟隆隆

敵手

意　義	大約相同程度的競爭對手
類 似 詞	競爭對象／競爭者／敵人／情敵
使用方式	「以彼此為敵手，各自努力吧」

有句俗話說「女人的敵人是女人」。尤其是戀愛當中的三角關係，女性並不會針對男性，反而會對於女性對手產生負面情感。但這是由於社會上男性較具優勢，因此刻意讓女性之間去競爭，甚至會說「女人會扯後腿」這種歧視女性的話語。

　　如果站在被支配的立場，為了要能夠被君臨者選上，就只能想辦法把其他人趕跑。也有人說女性是「被選擇的性別」，這就證明了女性到現在還是被放在被支配的立場當中。但是將焦點放在自己身上、重視活出自己、自我肯定感高的女性，**並不會抱持敵手意識，反而非常熱衷於自己而閃閃發光**。那種樣子會很自然的斥退敵手。

> 會對於同性有敵手意識，就表示沒有自信。自我肯定感高的女性，會集中精神在自己想做的事情，而她們的樣子很自然就會斥退敵手。

午餐

意　　義	此處特指在咖啡廳或餐廳吃的中餐
類 似 詞	媽媽朋友午餐會／女子會午餐／一人午餐族
使用方式	「下次要不要一起去吃午餐？」

和公司同事以及媽媽朋友去吃午餐，與其說是為了美食，其實**主要目的是聊天，和「女子聚會」（→P113）幾乎是同義詞。**

此時能和平常不太說話的人有所交流、正好可以喘口氣、又或者是一個人不好走進去的店家只要有人陪伴就能去等等，好處多多；但也經常會變成說壞話大會、或者互相炫耀比較大賽，因此也可能成為累積壓力的場所。內向的人、不擅於團體行動的人、只是想好好用餐的人都不太適合。

也曾有風潮是將單獨去吃午餐的人稱為「一人午餐族」，並以憐憫的語氣說這種話，但並不需要在意這種事情。只要依照自己的心情做出選擇，**就能夠抬頭挺胸、自豪的說著「這就是我」。**這樣反而能夠輕鬆享受時光。

> 和女子會一樣，有人能夠積極享受、但也有人沒辦法。參加與否端看個人自由，並不需要別人來說嘴。

理想與現實的差距

意　　義	心中描繪出希望是這樣的狀態，但實際上卻不是這樣的差異
類 似 詞	不應該是這樣的／沒預料到／意料之外
使用方式	「理想與現實的差距太大無法接受」

在思考當中最好最棒的狀態、又或者是希望能夠實現的最佳狀態，就是理想。如果理想過高，那麼看到現實狀況的時候，就可能非常失望。女性最容易感到人生中理想與現實差距過大的，就是俗稱「三十來歲」的25～35歲左右。約莫就是和菁英結婚、有可愛的孩子、閃閃發光的職涯……等等理想未來並沒有實現的時候。

生產之後體型也沒有變形的媽媽藝人、即使年齡增長也還在工作的熟女模特兒等等，就算把理想訂得這麼高，如果現實差距甚遠，那麼只會失去自信罷了。相對的，**不如感謝現在所擁有的一切、盡可能享受當下吧。**困難度只要慢慢提高就好。只要能夠體驗成功，也會變得比較有自信。

> 如果描繪出過高的理想，就會煩惱其與現實的差距。訂立一個不會讓自己感到壓力的目標，慢慢實現之後提高自己的自信吧。

留學

意　　義	在國外的學校具有一定時間的學籍
類 似 詞	遊學／打工度假
目　　的	提升職涯／學習語言／體驗海外生活

有陣子女性非常流行要去留學。理由大多是想要改變現在的生活、尋找自我等。但這和學生時代的留學不同，一切責任都要自己承擔，費用也是自己支出，因此失敗的風險也很大。失敗的例子包含「在當地也只和日本人交流」、「為了賺取滯留費用結果沒能好好念書」、「被捲入犯罪事件」、「回國後沒有那麼容易找到工作」等等。女性前往留學的人數較多，理由之一是**女性較有壓力耐性，對於新環境的適應力也較強**。就算是在國外不習慣的場合當中，也能夠好好適應。

另外，就算年事已高，女性們還是有很多人會去海外旅行，也是因為她們具備好奇心、行動力以及當下的適應能力。

> 留學是讓自己想做的事情變得更加清晰。充分考量過風險以後，再來整備能夠達成留學目的的環境。

料理

意　　義	和洗衣服、掃除並列為三大家事之一。烹調
類 似 詞	在家煮飯／洗手做羹湯／老媽的口味／不會做飯的女性／飯菜美味的媳婦
使用方式	「會做料理的女孩子很受歡迎」

從前就有俗話說「君子遠庖廚」，認為在家裡做飯就應該是女性的工作。甚至會做料理就是夫妻圓滿的首要秘訣（日文俗語「胃袋、お袋、堪忍袋」是結婚時最重要的三個袋子，胃袋、老媽、忍耐），實際上也有許多男性非常喜歡吃妻子或女朋友親手做的料理。

也因此，**不擅長做料理而感到畏縮的女性也不在少數**。除了技術性的原因以外，也可能是因為想菜單很麻煩、不想弄髒廚房等等心理層面的理由，而對做料理敬而遠之。相反的，會做料理的女性當中有人甚至是專家等級，會舉辦自帶料理開派對等等來置高（→P164）自己。料理做得好不好，只是那個人的單一短處。最重要的就是不要把這件事情看得太重要。

> 有非常多不擅長做料理的女性。就算有自帶料理開派對的活動，如果不喜歡料理，就不需要勉強自己。

旅行

意　　義	到其他土地上體驗享受各種事情
類 似 詞	女子旅行／女性限定行程／遠離日常
使用方式	「下次大家一起去旅行吧」

相較於事情的結果，女性傾向於較為重視經過（流程），因此非常擅長享受用餐、買東西、溫泉、看風景等伴隨旅途而來的各種活動。就算是移動時在巴士上或者電車當中，也能一邊吃零食一邊開心聊天。

對於每天被家事追著跑的主婦來說，旅行是一種非常棒的喘氣時間。就算只是吃完飯不需要收拾碗盤，也能覺得解放許多。

●女性團體旅行的注意事項

女性一起旅行的時候，最重要的就是**成員選擇**。不希望有太大風險、想照著計畫走、社交性高不害怕團體活動的人，比較適合團體旅行。若是求變化的心情強烈、好奇心及冒險心旺盛而老是四處闖蕩、對於自己的做法有所堅持的人，會傾向喜愛獨自旅行，就算邀請也可能遭到拒絕，或者不情不願的來。另外，有一點會讓人感到意外，就是金錢感覺要很相近。對於想住五星飯店的人及不想住五星飯店的人來說，兩者在其他方面也會有意見差異。

確定成員之後，就要約好一些最為基本的事情：集合時不能遲到、不要獨佔洗手間或浴室、不可以借貸金錢等等。不能覺得「這些事情不說也該知道吧」。尤其是遲到會是團體旅行最容易發生的問題，因此至少要告知所有人都必須嚴格遵守時間。

關於其他事情，就是要**尊重彼此的自由**。人在旅行的時候會顯露出一些與平常不太一樣的方面，這也可以就當做是旅行的醍醐味，加以接受。

女性的旅行中會有很多活動。請好好放鬆身體享受旅行。但是必須要懂得最基本的禮貌，也就是遵守集合時間。

啊——超棒!!

放鬆

意　義	紓解身心緊張、悠閒的狀態
類似詞	休息／休憩／鬆口氣／洗滌生命
使用方式	「去個溫泉什麼的放鬆一下吧」

由於擅長多工處理，因此會自己接下許多工作。頭痛、失眠、倦怠、暴飲暴食等壓力症狀，這是身體告知**「妳累了唷。要好好休息放鬆一下」**的訊息。如果接受到這些訊息，就好好的休息、空出放鬆時間吧。

可以去旅行、和女性朋友們用餐、做喜歡的事情來紓解壓力。又或者做指甲藝術、去沙龍好好照顧自己的身體等等，這些是女性獨特的放鬆方式。半身浴、運動等「溫活」也能夠紓緩壓力。精神上的壓力，可以接觸自然、為了鎮靜思緒，採用睡眠、冥想、笑等等也能發揮效果。

一次可以完成很多事情的女性，非常容易累積壓力。可以接觸自然、好好照顧自己，打造出放鬆時間，健康度日。

妳喜歡他嗎!?

我覺得山下同學…

戀愛

意　義	對於特定的對象抱持特別的愛情
類似詞	羅曼史／戀情／交往／陷入愛情
使用方式	「談戀愛就會變漂亮」

日文當中出現戀愛這個詞，是在明治時代。嚴格來說戀與愛是不一樣的，但這個詞主要被使用在偏重戀的方面。

如果陷入愛情，就會分泌苯乙胺（又稱戀愛荷爾蒙），此荷爾蒙的功效會使體重減輕、肌膚血色變好等。心理層面則是**戀人會成為生活中心，甚至可能無法思考其他事情**。但最近並不打算和喜歡的人住在一起，而是將金錢方面以及生孩子作為結婚目的，把戀愛和結婚分割開來的女性也越來越多。

另外，對於戀愛非常消極的草食性男子也越來越多，因此女性要談戀愛也越來越困難的樣子。

戀愛當中會以戀人為優先。談戀愛的女性會變美是事實。近年來由於戀愛觀的變化，走向結婚的戀愛情形也愈趨減少。

上班族媽媽

意　義	一邊工作一邊拉拔孩子長大的媽媽
類似詞	超級媽媽／有工作的媽媽／工作育兒兼職
場　所	托兒所／公園／職場

上班族媽媽的數量有逐年增加的趨勢，**但是支援她們的體制卻沒能趕上進度。**表面上雖然已經可以取得短時間勤務或者育兒休假，但實際上薪資的實領部分卻會降低、又或者受到差別待遇的案例層出不窮。

●讓上班族媽媽感到痛苦的3歲神話

從前曾經發生過有女性作家批判將還在喝奶的孩子帶到電視台的女性藝人，引發紛爭話題（陳美齡爭議／1988年）。這個時候的論點，是關於帶孩子上班究竟是對是錯。那麼是不是交給托兒所照顧就可以呢？這樣又會出現「孩子很可憐」的批判聲浪。這件事情的背後，就是所謂「3歲神話」，也就是認為在孩子3歲以前，母親若沒有專心育兒的話，就會對孩子的成長有不良影響。因為母親非常在意這件事情，所以就連孩子哭泣也會充滿罪惡感。

另外，也有些情況是因為大型企業的女性CEO或者知名女演員等會被稱為超級上班族媽媽，這些人被認為是理想狀態，導致一些認為自己不好、抱持自卑感的案例。

但現在也有一些企業准許帶著孩子去上班等，公司的型態也逐漸有所轉變。

●不要獨自努力

3歲神話並沒有什麼科學根據。最重要的並不是一起度過的時間長短，而是在於**有沒有抱持關愛與孩子在一起。**就算時間很短也沒關係，請忘懷其他事情，用自己的100％面對孩子。如果孩子有兄弟姊妹，最好要有個別面對面的時間，讓孩子知道「（你是獨特的）我有好好看著你本人唷」。

為了要讓工作與育兒兩方都順利，請拜託丈夫、爸媽、境遇相同的媽媽朋友、幼稚園老師加以協助。也可以詢問前輩上班族媽媽。不需要做到完美，能稍微搪塞的就搪塞過去。視情況也可以考慮轉職。與其拼命努力，還是不該累積壓力，有時候也留些時間給自己吧。

家庭與工作要兩頭平衡，對於母親來說是非常大的負擔。與其一個人奮鬥，不如找其他人協助。同時也要留些時間給自己，放鬆紓解壓力。

第 3 部

釐清女性的人際關係

接下來是實踐篇。讓我們具體解決許多人抱持的女性人際關係相關煩惱吧。「互較高下的女性」、「不想見到媽媽朋友」、「什麼都要插嘴的母親」、「不想參加女子聚會」……等等，以下會依照對方女性類型及當下會遇到的狀況，來解說對應的方式。

面對因嫉妒而互較高下的人的處理方式

只要明白「無法比出高下」就離去

不管什麼事情都要和人比高下、想要置高（→P164）的人是隨處可見。那種女性其實是一心想著真正的自己是不會被愛的，因此她只能相信與其他人比較之後的自我價值。非常堅持經濟上是否富裕、時尚感、社會地位等眼睛所能見到的表面勝負，卻不正視自己內心的悲傷、不安及空虛，這樣才能維持自己的內心平衡。**當事人會在不知不覺的情況下，讓比高下變成自己的人生。**經常在尋找能和自己站在同一個擂台上比賽的對象。

因此，如果一開始就知道無法與對方比出高下，那麼就不會接近那個人。

妳所應該要做的事情，就是**不管對方說了什麼，**「**都不要站上同一個擂台」。**請妳下定決心，從互較勝負的世界脫離。

如果覺得對方提的話題，其實就是要比高下的話，那麼就沉默不語。如果她還是堅持要談，那麼就表達：

「我現在不想談這個。」

「我不想跟妳比較這種事情耶。」

「這樣一直比較不會累嗎？別再講了吧。」

老實告知自己的內心想法，通知對方說妳**「放棄比賽」。**

總之千萬不能被對方的步調帶著走。就抱持著「喔──這樣啊。好喔。」的心情，不管在心理上還是物理上都保持一些距離吧。

自我評價也會發現一些事情

但是，**無視對方以及背地裡說壞話是 NG 的**。對方對於自己的評價已經很低了，如果又用輕蔑或憐憫的目光看待她，那麼就跟攻擊她沒有兩樣。這樣並不能說是「棄賽」。

說不定妳會發現，自己和對方一樣，對自己的評價（自我肯定感）很低。這種時候請不要自責。承認內心深處壓抑的不安及痛苦，然後允許自己「可以放輕鬆沒關係的」。

如果因為有這樣的對象，反而給了自己審視自我的機會，這樣不是也很不錯嗎？

Column
提高自我評價的步驟

步驟①發現＝注意到自己有不安、悲傷、悔恨、痛苦等感情。

步驟②原諒＝不要再責備自己糟糕，原諒自己真正的面貌。

步驟③療癒＝慰勞疲憊的心靈及身體，將負面情緒一吐而出。

步驟④選擇＝採取與周遭無關，而是自己「打從心底」能夠滿足的行動。

長年來建立的自我評價，不可能一夜之間飛升，但只要好好著手面對，一定會有所變化。

第3部⋯⋯釐清女性的人際關係

189

2 面對只有在男性面前才給好臉色的女性的處理方式

會感到煩躁就是嫉妒的證據

和女性在一起的時候明明很平常，但若附近有男人，態度就會大不相同。就像要大肆宣張自己是「弱女子」、「蠢女人」、「可愛的女孩」等，刺激男性想保護女性的本能。80年代甚至出現「裝可愛」風潮的社會現象，在日文中稱為「ブリッコ（biriiko）」，但其實在更早以前就有「カマトト（kamatoto）」這種說法，是指幕末時代遊女為了受到顧客歡迎而發展出的手法。

假裝成可愛的女性並不只是單純讓自己受歡迎的手法。女性想要受男性歡迎，這個想法本身是沒有罪過的。而看到這種情況會覺得煩躁，是因為妳的內心有抵抗以及嫉妒的想法。說不定妳應該也有能把男性玩弄與鼓掌之間的才能，但卻用了世間一般認定的「不可以用裝可愛的方法來讓自己受歡迎」這種規則束縛。

請妳捫心自問：**「我是不是想和她一樣受歡迎？」**

如果回答是YES，那麼就不需要客氣，妳也去做吧。如果答案是NO，那麼就不用和對方一樣。

被欺負⋯

但回到過去的我，也許又會

啊～裝可愛也很累呢——

也許她是這樣想

不要忘記客觀看待

另外一點希望大家明白。就是妳並不知道裝可愛的人的一切。

每個人都具備多面性。妳所看見的她不過是她的一部分。說不定她有著非得要裝成可愛女孩不行的悲慘過去也不一定。說不定她自己也覺得「不想再這樣」，但因為害怕孤獨所以不得不繼續下去。簡單來說，她可能也有她自己的理由，妳只要知道自己並不需要進一步去和她扯上關係即可，客觀看待「就算有這種女人也沒什麼關係的」就好。

嫉妒心和對抗心會讓自己看不清眼前。必須更加**培養自己客觀、多面化的觀點**，這樣就能從各式各樣的自我認定中解放，在不同人際關係間也會變得比較輕鬆。

Column
與討厭的女性往來的技巧

如果對於討厭人有罪惡感，就會為了讓這件事情正當化而拼命尋找對方的缺點，於是就會越來越討厭對方。

允許自己「討厭就討厭」，就會從罪惡感中解放，這樣就會因為心有餘力而能發現對方的優秀之處。如果能夠向對方說聲「真不錯」或者「謝謝」，那麼對方的自我評價也會自動提高。自我評價高的人不會與人競爭，這樣和對方也會比較好往來。

勉強自己往來也不會有好事！

在托兒所和幼稚園當中在一起的孩子就會說是「朋友」，但其實真正親密的只有2～3個人，也有些合不太來的朋友以及非常討厭的人。媽媽朋友的「朋友」其實也是這個樣子，因此就算不想見某些媽媽朋友，也是理所當然。

因此，如果有合不來的媽媽朋友，那麼就**老實承認「噢，我不擅長應付這個人」，並且告訴自己「不需要勉強自己見對方」**。

就算這樣說，但我為了孩子還是得要和對方往來啊！我似乎聽見有人這樣怒吼著。不過請等等，那真的是「為了孩子」嗎？

女性成為妻子、母親以後，就習慣會壓抑自己的需求，以丈夫及孩子為優先。孩子看見這樣的母親，成長過程中就會學習「不可以表現出自己的欲望。應該要配合他人、忍耐自我才行」。這樣一來，長大成人以後，就無法好好表達自己的主張，走在拼命忍耐自我的道路上。難道這是妳所希望的嗎？

雖然這違背一般說法，但**其實母親為了孩子而犧牲自己、過於勉強，並不會對孩子有益**。

不擅長應付的媽媽朋友家

孩子與母親都要互相尊重彼此意見

媽媽當然不可以說：「我討厭A同學的媽媽，所以妳不可以和A同學要好！」孩子有孩子之間的往來，要好好尊重他。請不要忘記，孩子也是一個獨立的人格。

可以告訴孩子：「我可以送妳去A同學家裡，不過我會回家喔。之後再去接妳。」也讓孩子尊重母親的自由，是一種互相協助的狀態。

如果平常就能夠注意這樣的遣辭用句，那麼就**比較容易說出自我主張，也會給予孩子較好的影響**。

Column
「公園出道」與「媽媽朋友」

母親帶著年幼的孩子初次前往家附近的公園，在日本稱為「公園出道」（→P92），在那裡認識的其他母親就是「媽媽朋友」，這樣的稱呼是在1990年代中期開始的。背景是由於大家住在不會與鄰居往來的社區住宅、和父母分居、丈夫晚歸……等孤獨的育兒環境。

如果前往公園出道，就能夠獲得媽媽朋友有益的建言及幫助，但也經常會發生遭到排擠等問題。

第3部…釐清女性的人際關係

4

面對說不在場者壞話的
女性的處理方式

只要不做出回應，就不會被捲入

　　女性一旦聚集在一起，就經常會變成說某人壞話大會，但是這對正義感強烈又認真的人來說，是非常難以忍受的。因為他們會把給自己的規範「不管有什麼理由，都不可以說別人的壞話」也拿來要求別人。

　　但非常不可思議，如果有禁止自己「絕對不能做」的事情，那麼會做這些事情的人就會聚集到自己身邊。那些彷彿鏡子一般，映照著與自己討厭自己的部分有著相似處的人們。批判這些人就等於是在責備自己一樣，因此也會覺得非常痛苦。

　　會說別人壞話而炒熱氣氛，幾乎都只是「解悶」而已。說這些話的人只是不懂其他消除壓力的方法，並沒有什麼深奧的意思。因此，**請稍微鬆解一些壞話禁令**。只要有「偶爾為之就算了」、「睜一隻眼閉一隻眼吧」的從容，應該就不會那麼在意了。如果還是超過了可以接受的範圍，那麼就找些適當的藉口，比如「我想起來還有事情」、「我去個洗手間」之類的，馬上離開現場吧。

　　如果很難在物理上與對方保持距離，那麼就不要跟著對方的步調走。就算對方徵詢妳的意見，也只要**說「我沒意見」、「我沒興趣呢」等，短短打發對方**。

只要平常就維持這種態度，那麼也比較不會被找去說壞話大會、也比較不會被捲入紛爭。

如果自己成為壞話對象

如果是妳在背地裡被說了壞話，那麼就要先照顧自己！首先承認自己內心有憤怒、悲傷、受傷等心情，然後讓心情安穩下來。解決方法當然是試著向對方說「這樣我很受傷」，但如果不能先恢復冷靜的話，會無法順利進行。

這個時候，重點就是必須使用**以自己為主語的「我」(I)訊息**（→P23）。以壞話報復壞話的話，只會火上添油而已。

Column
榮格心理學中的「投影」為何？

心理學家卡爾・古斯塔夫・榮格（Carl Gustav Jung）提倡的「投影」，是指在他人當中尋求與自己相同的要素。任何人都會下意識的這麼做。舉例來說，如果自己親切，就會明白對方的親切；如果自己有些生氣，那麼就會注意到對方生氣的地方。

在自己所擁有的各式各樣面向之中，缺點或者惡處等禁忌部分，被榮格命名為「影子」。如果覺得某人令人生氣，其實就是這個「影子」在做投影。

5

面對什麼都要插嘴說自己的母親的處理方式

針對母親的能量請朝向自己

有非常多的女兒，苦於母親煩人的干涉行為。雖然試著反抗、或者想和母親談談，但卻遭到無視，試了各式各樣的方法，想讓母親理解自己的心情。然而就算是解決了一件事情，母親又馬上會找到其他事情開始說嘴。簡直就像跟一群倒下又會馬上站起來的殭屍作戰一樣。

14頁也有提到，過度干涉的基礎原因在於母親有著**「如果女兒獨立了，自己就會被拋下，會非常孤獨」**的恐懼感。當中還包含競爭心、嫉妒心、錯誤的責任感、母親自己過往生命經驗帶來的負面要素投影（→P195）等等，有各式各樣錯綜複雜的心理。

由於這些都是母親下意識的行為，因此本人並不會發現這件事情。就算女兒吶喊著「為什麼妳不懂我！」也還是無法獲得答案。

請試著將原先用來抵抗母親的那些能量，都轉來用在自己身上吧。想辦法治療自己因為被干涉而受傷的心靈、承認那些壓抑的真心話並且表現出來，把能量用在這些事情方面吧。請出聲告訴自己：**我好辛苦喔、那樣真的很痛苦呢、我一直都好努力撐過來呢。**這樣其實就會輕鬆許多。

說不出口的話就用寫的

對於母親的抱怨、憎恨、怒氣等等，想說也說不出口的事情，就全部都寫在紙上吧。不管是多麼粗暴或者骯髒下流的話語都沒有問題，不斷重複這個行為直到心裡覺得舒坦。

和母親對話的時候，如果母親開始出現干涉行為，就看著對方的眼睛說「謝謝妳」，這樣對方會稍微低調一點，此時再清楚表達「媽媽說的也有道理，但是我有我的想法」。

不管媽媽有什麼樣的反應，請**將意識回歸到自己身上，不需要留在媽媽那裡**。剛開始可能沒什麼效果，但是不要放棄！只要貫徹自我中心的態度，最終一定會有所變化的。

Column
身為母親該如何接觸女兒？

10歲前後進入青春期的女孩子，會比父母想的還要冷靜、且會觀察父母。離自己最近的同性也就是母親，不管是好是壞都會是生存方式的模範，會對女兒將來有很大的影響。

不需要刻意演出賢妻良母的樣子。最重要的是母親要尊重自己。這樣一來，女兒也能學會要尊重自己。只要彼此都以一個人來尊重對方，大部分的母女問題都能迎刃而解。

第3部⋯⋯釐清女性的人際關係

6 面對不會工作的女性的處理方式

謹記意識及思考不要受到周遭擺布

　　職場（公司）是一個競爭社會，在工作方面競爭業績並不是一件壞事。但是如果不是競爭，如何才能提高成果，而是「內鬥」或者「扯後腿」這種狀況的話，那就不太一樣了。

　　「連這麼簡單的事情都不會，A子也太白癡了吧？」

　　「B小姐啊，明明就做不好工作，還擺一副前輩臉！」

　　「同時間進公司的C子對我很冷淡，是因為我先升為主任嗎？」

　　諸如此類情況，就很容易只在意對方的事情。完全忘記了「我～」的觀點，**反而把注意力放在別人的一舉一動，或者推測他們言行舉止的理由及原因**。意識朝向他人的話，自己可就是唱空城計的狀態囉。首先要注意到這點才行。

　　接下來要做的，就是重新將意識回歸到自己身上。如果討厭對方的話，就把這些討厭的心情寫在筆記本或者日記上。如果能夠好好打理自己的感情，就比較不容易受到對方的言行舉止擺布（→P197）。

　　等到情緒穩定以後，接下來就要思考了。請將自己心中的**「前輩／晚輩之人、應當如何」**等規範都給鬆綁（→P194）。「應當如何」論點只是個人的主觀意見。還請明白妳自己的看法，在別人身上不一定通用。

198

那邊很容易出錯，要小心喔！！

就算不教晚輩，他們也應該看著前輩學習！！ ✕

脫離「應當如何思考模式」

天才物理學家愛因斯坦曾說：「常識就是18歲以前記住的各種偏見。」

「高中之後要念大學、大學畢業後要就業。」

「一開始先來杯啤酒。」

「想要瘦就得要運動。」

這些都是「應當如何思考模式」的範例。要採用哪些、捨棄哪些，只要平常都留心依照自己的喜好來選擇，那麼對於他人的選擇也就會比較寬容。

即使如此，周遭的言行舉止還是會對妳的工作造成傷害的話，那麼就老實的告知對方吧。**並不是叫妳責備對方，而是表明自己的心思。**如果妳自己非常誠實，那麼妳的想法一定能傳達給對方的。

Column
順利指導晚輩的方法

最容易不小心犯的錯就是認定「就算不一項項說，應該也會懂吧」。就算是非常簡單的工作，也是對方第一次的經驗。請一開始就好好說明步驟。打造出可以任意提出疑惑及問題的氣氛也非常重要。

不需要與對方個人交好，但仍然要有些基本禮節：「誇獎流程而非結果」、「不在他人會看到的場所斥責」、「說話有禮」等。

7　面對因為交了男朋友而變得不好往來的朋友的處理方式

就認為這是獨立的時機吧！

　　一旦有了男朋友，就很容易生活的一切都以他為中心運轉。這對於女性來說並不稀奇。

　　法國文豪司湯達曾說「戀愛就是一種像發燒一樣的東西」。只要熱度下降了，那麼與朋友的往來也就會恢復。如果對妳來說，她是非常重要的朋友，那麼應該能苦笑著以長遠目光來守護她吧。

　　如果沒有那種心情、覺得非常生氣，那就是妳自己的問題了。妳是不是覺得「朋友應該把我想做比男朋友還要優先」呢？比起與妳見面，妳認為選擇約會的朋友「背叛自己」對吧？

　　如果回答是YES，**那麼妳就太依賴她了**。難道她不理妳，妳就活不下去了嗎？如果她不重視妳，妳就覺得自己的存在價值降低了嗎？如果是這樣，那麼現在就是妳獨立的機會了。捨去對她的執著，不要再被她耍得團團轉，準備慢慢離開她吧。

　　去自己喜歡的咖啡廳、看喜歡的電影、換換房間布置，其他還有像是慢跑、讀書、逛街等等，增加這些能夠一個人享受的時間吧。又或者約其他朋友到處去遊玩。**請打造與新朋友相遇的機會。**

　　就像是換班或者畢業以後，同學就不會再見面，因為交了男朋友而與朋友疏遠，也是非常自然的流程。這並不是背叛／遭到背叛的感情問題，只要當成單純的**「環境變化」**就好。

考量與朋友往來的機會

　　但是，如果對方太過把戀人擺在優先，與妳約好卻突然取消等等，這類欠缺基本禮儀的行為，就必須要好好告知自己的想法。

　　不能好好對待妳的人，可以說是朋友嗎？這是個好機會，可以重新思考忍耐著與對方繼續往來的價值究竟何在？如果覺得「和這個人在一起也不開心」的話，那就是妳心中的正確答案。**不必管她想怎麼做，而是妳自己怎麼想。請重視自己的真心話。**

第3部⋯釐清女性的人際關係

8　面對不想去的女子聚會的處理方式

只要在不超過自己許可範圍內交往即可

　　如果要拒絕參加女子聚會，一般人都會採用「工作很忙」、「身體不太舒服」、「那天我有事情了」等等固定的理由來婉拒。這畢竟也是社交方法的一種，一兩次也就算了，要是太常說的話，藉口或者理由都會用完，也會開始產生說謊的罪惡感。如果能好好將「不想去所以我不去」這種話說出口，該有多麼輕鬆啊！沒錯，其實這才是最好的解決方法。

　　如果想一口氣變輕鬆，那麼就下定決心說出口吧。訣竅就是不需要搞得好像很嚴重。要將**「來邀請我真的非常感謝」**、**「但我不擅長應付這種聚會，雖然機會難得還是容我婉拒」**、**「真的很對不起」**這三項當成一套的東西，盡可能開朗又體貼的表達出來。如果覺得是不是會害對方心情不好呢等等，猜測對方反應的話就會很難說出口。因此不要在這方面想太多，謹記對方如何接受是她個人的自由。

　　話雖如此，如果有著很害怕被人討厭、怕被大家排擠等恐懼的心情，就很難清楚的拒絕對方。但是，其實有很多女性都討厭女子會！甚至可能在心中想著「要是沒有人來，可以中止就好了」。因此，妳一開始就先拒絕的話，其他人也會比較好開口拒絕。別說是討厭妳了，還會感謝妳呢。

如果是覺得「實在沒辦法每次都參加，但是偶一為之也還可以」的話，那麼就在有心情參加的時候去就好了。可以中途加入、或是先行離去，雖然是**「心情上參加」**但仍然支付應付費用、又或者是帶伴手禮都是好方法。

為了自己行動

無論如何，最重要的就是在自己覺得舒適的範圍內行動。可以將自己的容忍量化為數值，如「一年３次左右沒問題」或者「２小時就是極限了」，掌握自己的容忍程度。

是否參加女子聚會，是一個**「是否為自己而行動」**的良好練習。這也能應用在女子會以外的聚餐、敦親會等，還請務必嘗試看看。

Column
享受女子聚會的訣竅

不管是女子聚會還是其他場合，如果要參加的話「當然是」能享受才是贏家。

為此，就不要太過在意周遭。將注意力放在眼前的食物或飲料（味覺、嗅覺）、窗戶看出去的景色（視覺）、店裡播放的音樂（聽覺）等等，「現在此處」的五感上。這樣一來，就會發現在某個瞬間，自己正鬆了口氣在享受。不要太過在意他人，將目光好好放在現場的東西上、享受這些吧。

第３部⋯釐清女性的人際關係

不需要意見、建言&不要強硬問話

　　無法放著哭泣的女性不管，妳應該是①非常溫柔、②好奇心旺盛、③不願意在人前流淚——當中的一種吧。

　　也許妳會想要詢問她發生了什麼事情、或者鼓勵她、又或是斥責她不要再哭了等等。但是，**妳能夠做的事情，其實就只有默默看著她而已**。如果她想說的話，什麼也別多說、聽就好。意見或者建議都是多餘的。只要她沒有向妳詢問，那麼就不要多嘴。

　　如果是平靜哭泣的女性，放著不管也會止住眼淚；但若是積極哭訴的女性就不是了。很可能會開口說著「聽我說啊～」然後開始抱怨或者說其他人壞話，並且不斷重複相同的事情。

　　這種類型的人，**只是想要引發妳的同情，藉此排解寂寞，才是真正的目的**。解決問題之後，她就沒有哭泣的理由了，因此就算妳站在她的立場提出建議，她也絕對不會去執行。

　　也許她會說「想找妳商量事情」、「只有妳能依靠」等等，如果當真了就只是一場空。所謂「商量」、「依靠」是為了自己要行動而求助於某人，但她其實並沒有打算行動。

不要被對方依賴成癮

妳越是同情對方、認為她「好可憐」，越是親切想著「得聽她說說才行」，就**只會讓對方越來越依賴妳**。這絕對不是為了對方好。

如果對方開始哭訴起什麼，那麼就設個時間限制、又或者是儘快脫身。可以說：

「好的。那我聽妳說5分鐘。」

「抱歉，聽妳說的話我會很累。」

「真抱歉，今天就到這裡吧。」

這類話語。又或者是提：

「要不要聊比較開心的事情？」改變話題也沒問題。畢竟對方其實只是想要一個說話的對象。

Column
不要強行背負他人的問題

近年來在日本蔚為風潮的心理學家阿爾弗雷德·阿德勒（Alfred Adler）提倡的說法是，人類的煩惱主要來自人際關係，因此需要將「課題分離」。

根據這種想法，給予對方一個她並不需要的建議，就是「介入他人課題」，而決定要不要遵循建議的，也是「對方的課題」。畢竟人能夠控制的只有自己的課題，因此阿德勒認為在這種事情上體貼或者煩惱，是沒有意義的。

10 面對自己被疏遠的處理方式

只要能解開心結，就算沒有感情融洽也夠了

被排擠經常都是諮詢中心當中商量數量最多的主題之一，仔細探討狀況發現分為以下三種：

①其實是自己走向被排擠之路

因為加入團體當中也無法好好與大家溝通，所以覺得乾脆脫離還比較輕鬆，因此**故意採取會被排擠的言行舉止**。但由於這是下意識的行為，當事者並沒有自覺。反而會覺得自己是個被害者、非常受傷。這也是親子關係當中常見的狀況。

這種情況，最重要的就是發現自己並未看見的真相。承認「噢，其實我害怕這些人呢」。體悟自己「原來如此，其實我害怕其他人呢」，然後接受這樣的自己。把給予自己的課題難度下降到「因為我很害怕，所以並不需要和大家非常融洽。平常以對就好了」。

②有一些誤解

這是只要和大家談過，就非常可能解決的案例。

承認自己的恐懼

把話攤開來說

不要與人比賽

為了要緩和恐懼之心，可以請感情比較好的人介入。**拜託他安排一個可以把話攤開來說的時機，並且請他以見證人身分陪著妳。**

發言的時候不能想著「要決定這件事情是誰造成的、誰不好」；而應該抱持著「如果是我不好的話，我會改進」的心情。如果妳並不打算這麼做，那就還是直接保持距離吧。

③競爭心強烈的女性將周遭捲入紛爭

這是由於有個老大性質的人物，硬是把大家捲入陪她的狀態。如果不想跟著對方的步調走，那麼**最好的辦法就是宣告自己不比這場比賽**（→P188）。

看清楚是哪種情況以後再來著手處理吧。如果很煩惱，那麼就先找人商量也好。

Column
「不打不相識」

如果害怕「要是說出不滿的真心話，也許會被討厭」、「被人看到我在哭、在吶喊那種沒用的樣子，也許會被拋棄」等等，那麼就無法認真與人吵架。

俗話說「不打不相識」，相反的也就表示「感情好才能打架」。也就是說，人與人之間若是越親密，就越有可能吵得很兇。青春期的親子吵架就是這種情況。

11 面對有世代隔閡之人的處理方式

剛開始先不要拒絕，就當成收集資訊的對話

前輩揮之不去的舊時代想法、晚輩接二連三吐露的語焉不詳網路用語等等，如果生長的時代不同，感覺及知識有所差異也是理所當然。如果對於這樣的差異有興趣，那就沒什麼問題，如果不是的話，那麼就當作是「收集資訊」吧。實際上與世代不同的人談話，**會增加各式各樣範疇的知識，也許會有意外的轉機出現。**

畢竟是請對方告知自己不懂的事情，因此遣辭用句還是應該有禮。請不要對著年紀比較小的對象，擺出一副長輩臉孔。絕對不可以說什麼「現在的年輕人啊……」、「我反正已經這把年紀……」等等。前者是針對他人的年齡歧視，後者則是在霸凌自己（＝自虐）。

由於世代不同造成價值觀差異，最顯著的就是在婆媳問題及母女問題、以及職場上的關係。婆媳之間連錢要怎麼用都會吵起來。對於處在沒有跟蹤狂及家暴等詞彙的母親來說，當然會責備女兒從暴力男人身邊逃回來。與10年前相比，職場環境已經越來越數位化，因此上司與部下之間也會產生糾紛。

由於世代間隔閡而產生問題，可以說就是拒絕人類。因為人類太可怕了無法相信，所以下意識的會有所警戒而變成這樣的現象。

就像是怕蛇的人無法接觸蛇一樣，如果害怕人類的話，當然也無法興趣十足的接觸其他人。

喜歡自己吧！

為了要揮去對人類的恐懼，首先要喜歡離自己最近的人──也就是妳自己，**要喜歡自己才行。**

自己要喜歡自己。不管是年齡、性別、外觀、能力或者優缺點，全部都要認可，愛任何情況下的自己。能夠重視自己的人，必然也能重視其他人（→P31）。表面上就算有討厭的人或者不擅長應付的人，但在基礎上也能帶著好感待人接物。如果妳的好感能夠傳達給對方，那麼就能夠建立世代差異也不會有所影響的良好關係。

> ## Column
> ### 代溝狀況多
>
> 不同世代難以理解彼此狀況，有下列情形。
>
> ＜年長世代＞連絡使用電話或電子郵件。會在假日上班、加班。不太願意把3歲以下的孩子交給托兒所。喜歡到國外旅行。想要自己的房子和車子。
>
> ＜年輕世代＞智慧型手機不離手。準時下班。不去同事聚餐。約會費用平分。不吸煙。會隨意縮寫詞彙。

第 3 部…釐清女性的人際關係

這個伴侶真的適合妳嗎？

　　關於這件事情可以清楚告訴妳，女人之間的爭執是浪費時間！不要關注那些對別人男朋友出手的女人，將焦點擺在妳的伴侶身上吧。他是三不五時就被其他女人迷住而出軌的人、還是能夠毅然決然遠離這種情況的人？**這是好好看清他真面目的機會。**

　　潛入男朋友或丈夫的出軌現場，然後一把抓住對象女性──會有這種行動，大多是沒有自信的女性。

　　所謂沒有自信，指的是**自我評價、自我肯定感很低**。一旦抓住了一個男人，就覺得只有他了。經常懷抱著「如果失去這個人，大概就不會再有人愛我了」的不安，害怕自己被拋棄，因此會原諒對方出軌甚至暴力。不管遭受如何糟糕的對待，也不會向本人抗議。因為深信自己就只是這種程度的人而已。

　　那麼，如果是有自信的女性遭到劈腿，會如何是好呢？

　　因為她明白自己的價值有多高，因此會採取「沒有100％珍惜我是不行的唷」的態度。會非常認真的認為，只要有女人拋個媚眼就搖著尾巴飛撲過去的男人，根本就配不上自己。因此會好好面對當事者抗議、選擇分手，還能夠遇到更好的男人呢。

自己的價值究竟有多少

伴侶對於妳的態度，是一種**妳將自己價值設定在哪裡的壓力顯示計**。

舉例來說，如果約會見面的時候男朋友老是遲到。如果因為不想被討厭、就毫無怨言的繼續等下去，妳心中是不是想著「我這種人，等人也是應該的」之類的事情？

其實，**會對別人男朋友出手的女性，她們的自我評價也非常低，就和妳一樣**。因為她們心中想著：「我只適合要別人不要的……」。和這樣的女人競爭，就只是互相比較不幸而已。

還是早點放手，將能量放在提高自己價值這件事情上吧。

Column
自信不等於盛氣凌人

充滿自信的女性給人討人厭的印象，真的是這樣嗎？

原本「自信」是指相信自己的價值及能力，這和自傲是不一樣的。她們的自尊心高、就算不特地欺壓他人，也已經很幸福，因此不會採取盛氣凌人的態度。

日文當中的「高飛車」語源來自將棋，表示的是單方面威壓的態度。與其說是自尊高，正確的說法是這種人比較傾向不具謙虛態度。

第3部⋯釐清女性的人際關係

清楚明白讓對方知道妳沒有興趣

　　有些人只要很專注於某些東西，就會馬上向人推薦「這個很不錯喔～」。也許對方是好意做這些事情，但反而因此很難拒絕。如果對方又是公司前輩、或者婆婆之類的，為了不要起爭執可能也只好配合對方。

　　但是，不管對方是有多麼好心，將別人不需要的東西硬是推銷出來，很明顯的就是侵犯他人領域。因此**最好明確拉出界線，徹底保護自己。**

　　如果回應非常曖昧不明、又或者是半推半就的謊言，讓對方繼續說下去，那麼的確能夠撐過那一回合。但因為對方是好心好意的熱心腸，因此會不斷的出招邀約「這樣的話，還有這個唷」、「這個不行的話，那個怎麼樣？」等等，沒完沒了，如果有人向妳推薦其實妳並沒有興趣的東西，那麼最重要的就是感謝對方的好意，並且表現出毫無興趣。可以先說：「謝謝妳邀請我」，然後告知：

　　「我現在專注於其他事情，希望能以那個為優先。」

　　「雖然機會難得，但我沒什麼興趣呢。」

　　「這好像不太適合我呢。」等等，

　　全部都要以自己為主詞表達出**「NO」**。因為這樣並沒有任何責怪對方的話語，所以不會引起太大風波。

如果對方很堅持，就要強硬些

　　由於對方推薦的內容（直銷等）也很有可能會造成妳受害，因此請不要害怕清楚說出ＮＯ。說到底還是以自己的自由為優先比較好。如果對方非常堅持要邀請妳，那麼就直接告知「妳這樣太煩人了，不要這樣」。

　　一旦習慣拒絕，那麼就可以比較輕鬆地聆聽對方的話語。

　　「這樣啊，妳現在非常熱衷那個商品啊（雖然我是不會買的）。」

　　「在聊這件事情的時候，妳看起來很幸福真是太好了（雖然我是不會買帳的）。」

　　就像這樣，如果能夠**確實保護自己的領域，同時也貼近對方的對話**是再好不過。

Column
多管閒事的心理學

　　交流分析學派的史蒂夫‧卡普曼（Stephen Karpman）將人際關係分類為「犧牲者」、「迫害者」、「救助者」三種類型，並且就這三種類型加以論述。

　　迫害者與救助者會以強逼、說嘴、多管閒事等方式來接近犧牲者。

　　如果常有人對妳說教或者多管閒事，那麼也許妳就是沒有自覺但偽裝成軟弱無力的自我、扮演成犧牲者的角色。

第３部⋯釐清女性的人際關係

14

面對一直誇獎自己的女性的處理方式

妳跑完馬拉松全程？好厲害——!!山田妳真的身材也很好、又是美人、品味也好，真的好厲害好厲害好厲害好厲害喔——!!

人會誇獎別人的理由

由於日本使用「誇獎能讓人成長」這樣的教育方式歷史還不長久，因此有許多人不擅長誇獎別人、也不習慣被誇獎。

原本應該所有人被誇獎都是會感到開心的，但如果被同一個人不斷誇獎的話，就會覺得有些煩躁了。

為什麼對方會這樣一直誇獎自己呢？理由可能有下面幾個。

①真的認為妳很棒

②扮演一個無論如何都誇獎他人的「好人」

③故意給予壓力想壓垮妳

④希望大家喜歡她而故意諂媚

⑤非常自卑不知道怎樣讓大家愛她

⑥故意誇獎某人，確認對方會不會得意忘形

⑦以誇獎的話語說惹人厭的話

當然可能不只這些。

無論如何，妳都不需要太在意。那只**是對方的自由，不是妳可以介入的。**

照表面收下
說「謝謝」就好

　　不管對方是怎麼想的，**只需要照單全收、老實回答「謝謝」就夠了**。並不需要謙遜、或者回以內心一點也不想說的客氣話。

　　被誇獎卻覺得不開心的理由，可能是「必須回應對方期待」。如果對方說妳身材很好，就不能夠發胖；如果業務成績被誇獎，那麼下次就只能交出更好的成績單……。就像運動選手等，如果在比賽前給予太多期待，有不少人會因此敗在壓力之下而無法發揮原先的力量。

　　請不要把被誇獎這件事情太過當成一回事。**最後要決定妳本人價值的，就只有妳自己。**

Column
試著誇獎自己

　　要提高自己的價值（自我肯定感、自尊心）的方法有很多，當中「誇獎自己」是可以輕鬆做到又不需要花錢、值得推薦的方法。

　　除了公司的企劃、減肥等等大型成功以外，看見鏡子就說「好可愛喔」、洗完盤子之後說自己「真棒！」等等小事，也都好好誇獎自己。最好可以發出聲音說出來。

第3部…釐清女性的人際關係

15

面對老是說些壞心眼話語的女性的處理方式

看穿對方真相之後採取保護自己的措施

　　非常壞心眼刺向自己的惡劣發言，感覺就像是一種武器，但脫下外皮會發現，那只不過是自卑感。由於在她的眼裡看起來妳比較優秀，而且她非常羨慕，所以想要將妳拉下來與自己同等級。壞心眼的話語雖然說得像是論點非常正確，但其實只是講述她個人隨興的判斷及意見罷了。

　　另外，對抗心及復仇心強的人就很容易說些惹人厭的話、故意煽動他人。而她看見妳感到困惑或者受傷就會非常開心，把妳的痛苦當成她的樂趣。她可能沒有滿懷愛情與人交流的經驗、又或者是沒有對他人痛苦感同身受的同理心能力，也就是**反社會人格障礙（ASPD）**者。

　　因此，就算有人說些壞心眼的話惹妳厭惡，也絕對不可以當真。如果對方非常黏人的說些討厭的事情，那麼就想著「喔～也有這種想法啊」，然後打斷對話吧。如果對方以高高在上給予建議的方式說話，那麼只要回答「謝謝您的忠告」就能避免紛爭。

　　如果一定要選擇回嘴，那麼就**留心不要被對方的步調帶著走**。不要放任情緒發洩、怒吼，集中精神在冷靜下來、只告知自己的心情。好好注意與對方之間的界線，將保護自己視為最優先。

打斷對話

正面抗議

抗議或者找地方說開

　　如果有人是在背地裡偷偷說些惹人厭的話，這就表示對方要躲在陰影裡才敢使這種壞心眼、非常軟弱，因此只要面對這種人抗議，對方就會逃之夭夭。就算只是透過第三者去表達想談話的意願都很有效。

　　有些人心地善良溫柔，無法拋棄或者拒絕他人，不管其他人有多麼壞心眼，他都不會反擊回去、而是忍耐下來，這種人非常容易成為標的。只要越溫柔，對方就會得意忘形，因此請拋開「我忍耐就行了」的想法，請將念頭放在「**走為上策**」。

　　最好的當然就是不要與那種人見面，如果很困難的話，就盡可能縮短在一起的時間、努力早點從現場離開。

　　對於他人沒有同理心到了幾乎是疾病的狀態，就可以稱之為「心理病態（Psychopathy）」。雖然這個詞幾乎成了殺人魔的代名詞，但那只有在伴隨當事者有著強烈渴求兇惡犯罪性的癖好時才會發生。醫生、律師、政治家等社會成功人士當中，不乏心理病態者。他們擅長表現、可以平心靜氣說謊、也能欺瞞他人，因此有人會感到憧憬，但是無法對於人心有所同感，絕對不是一件幸福的事情。

16 面對攻擊自己的上司的處理方式

拼命
碎碎唸

妳提的那個企劃，我是覺得不怎麼樣啦，不要因為有人覺得還不錯，妳就得意忘形啦？

以情緒對抗情緒化攻擊是沒有勝算的！

上司需要考量公司整體的業績，為了要培育部下，有時也會加以「斥責」。然而懼怕部下能力的上司，則是為了不讓自己被超越而將「怒氣」倒往部下身上。因為他們認為，只要使用憤怒這個武器來威脅對方，就能夠支配該對象。

畢竟這種上司一直都是這樣守護自己地位的戰士，因此他們也會認為「只要我生氣了，對方就會退縮。就算對方有所抵抗，我也一定會贏的」。也就是說，**她自己是主演而妳不過是配角罷了**。只要妳照著她寫好的劇本表現，那麼就會是她期望的結果。

但是，如果妳說了劇本上沒有的即興台詞，那麼又會如何呢？或者妳根本不說任何台詞，就只是冷靜的面對她呢？如果發展不如預期，她就無法跟上事情進展。在她的眼裡，妳如此冷靜是非常詭異的事情。等她把想說的事情說完，就只會像是把東西都倒完了一樣空虛，自然就會冷靜下來。

這樣一來，主導權就在妳身上了。請在她潑灑到妳身上的話語當中，無視情緒部分，只要將焦點放在具體的問題及主旨上，舉例來說，提出「關於那件事情的話，有A方案以及B方案」這類，只**說具體的事情，回到自己的立場**。

放鬆模式

先進入放鬆模式

面對情緒化而激動的人，就算以同樣的方式對待他們，也只是消耗自己的體力。還不如採取與對方完全相反的放鬆態度，這樣比較容易轉換攻擊方向。

如果知道對方正在發怒，那麼就在面對她之前先去洗手間等較安靜的場所，放開全身力氣、進入放鬆模式。也非常推薦可以**深呼吸或者稍微冥想一下**。直到副交感神經佔了優勢、覺得放鬆舒適以後，對於對方的恐懼也會降低。另外，如果是會說壞話的上司，還請參考195頁。

本節開始的時候也有提到，真相是對方也非常怕妳，這點還請務必謹記。「弱小的狗兒才會吠」這句話是真理。

Column
與女性上司往來

女性非常擅長溝通、也很喜歡照顧人，因此通常適合成為管理階層。另外，也可以說是比較容易釋出資訊，也有著與部下圓融相處的傾向。

然而，對於女性部下來說，可能覺得「我無法成為這樣的人」，因此並不想接近女性主管。盡可能不要成為難以接近的人，對於女性之間來說是非常重要的。

第3部…釐清女性的人際關係

17 面對沒有幹勁的部下的處理方式

不要「責備」而應該考量「培育」問題

　　平心靜氣遲到或缺席、常聊天、老是在玩手機、不下指令就不會動……「有這種部下實在困擾」、「得想點辦法才行」。如果妳想著這種事情而感到煩惱，真的是考量到公司整體業績的問題嗎？又或者只是因為個人不喜歡這些行為，因此想要攻擊對方呢？還是想讓部下聽從自己的命令，有著控制（支配）對方的欲望呢？

　　好好面對自己是非常重要的。在直接與部下接觸前，**要清楚對於身為上司的自己應有的樣子有所自覺才行**。攻擊、支配這兩種辦法，是絕對無法培育部下的。

　　上司對於部下抱持著哪種心情，會影響部下。舉例來說，在妳的眼中，部下是不是「工作好慢！」、「連這點小事都不會！？」、「又在偷懶！」的樣子呢？但妳真的連一點部下的優點都沒有發現嗎？說不定只看到部下缺點，是因為妳個人的看法，就是否定他人一切。

　　就算不說出口，責備部下的心情還是會透過表情和動作等表現出來。原本就提不起精神好好做了，又一天到尾都被說這不行那不行……那就只會更不想做對吧。

220

中川妳的優點，就是ㄉ工作非常仔細呢！！

給予評價認可對方

請轉換自己的方向，從沒有效果的負面指責，轉為**找到正面的肯定評價**。就算是一些妳覺得「那種事情做好也是理所當然」的小事，誇獎部下也比對著部下發脾氣要來得能提升對方的動力。

也許她只是覺得在公司裡女性的未來有限、又或者是沒有在工作上獲得成就感而變得不想繼續。這種情況請思考是否有不會造成本人負擔程度的工作，將這工作交給她，試著讓她自己做到最後。為了讓她能夠擔起責任並明白完成工作的喜悅，請盡可能**不要插嘴、都交給她**。

另外，平常就要將「不可以老想著職稱及年齡差距」以及「說話要有禮」這兩點放在心上，這樣就能防止上司與部下成為敵對關係（→P208）。

Column
從心理學看「幹勁」

心理學當中與「幹勁」相當接近的用詞是「動機」。也可以翻譯成「提供動機」。

提供動機包含自我成長、成就感等內發性的東西；以及薪水提升、表揚等外發性物質兩種。

如果目標過於曖昧或者太高，就會造成動機下降。另外，過去成功經驗稀少、自我肯定感非常低的人，本身就很難有幹勁。

第3部⋯⋯釐清女性的人際關係

跋

　　所有讀者從頭看過一遍這本書，如果發現了很在意的項目，想來就是回顧自身的好機會。

　　就算能夠客觀判斷他人的事情，一旦要面對自己，反而很容易模糊不清。尤其是在人際關係方面，正因同為女性，因此「自己與對方」這種關係的優缺點都會嚴重增幅。

　　希望看過本書以後，能夠讓苦於女性間往來的人心中多少輕鬆些，建構起嶄新觀點、更加貼近自己的內心，並且能夠邁步向前，我打從心底如此希望。

石原加受子

PROFILE

石原加受子（Ishihara Kazuko）

心理諮詢師。為提倡「自我中心心理學」的心理諮詢研究所All is one負責人。採用將「思考、感情、五感、意象、呼吸、聲音」等化為一體的獨特心理學，開辦與「改善性格、親子關係、對人關係、健康」相關之講座、集團工作、諮詢、演講等；提出讓心靈變輕鬆的方式、活用自己才能的生活方式等。日本心理諮商學會會員、日本學校心理保健學會會員、日本治療放鬆中心協會前理事、厚生勞動省認可「健康、生活創造」建議師。

著作有『「自己肯定感」的高め方～「自分に厳しい人」ほど自分を傷つける～』（ぱる出版）、『「苦しい親子関係」から抜け出す方法』（あさ出版）、『「女子の人間関係」から身を守る本』（PHP研究所）、『もうイヤだー！疲れた、全部投げ出したいー！心のSOSが聞こえたら読む本』（永岡書店）等。

TITLE

人間複雜，妳要清醒　女子人際情感心理學

STAFF ORIGINAL JAPANESE EDITION STAFF

出版	瑞昇文化事業股份有限公司	裝丁・本文デザイン	株式会社tobufune
監修	石原加受子		
譯者	黃詩婷	DTP	有限会社プールグラフィックス
		本文イラスト	なかきはらあきこ
總編輯	郭湘齡	執筆協力	安藤智恵子／岡林秀明／神田賢人／三橋さと子
文字編輯	張聿雯		
美術編輯	許菩真	編集協力	有限会社ヴュー企画（野秋真紀子）
排版	洪伊珊		
製版	明宏彩色照相製版有限公司	企画・編集	端香里（朝日新聞出版　生活・文化編集部）
印刷	桂林彩色印刷股份有限公司		
	紘億彩色印刷有限公司		
法律顧問	立勤國際法律事務所　黃沛聲律師		
戶名	瑞昇文化事業股份有限公司		
劃撥帳號	19598343		
地址	新北市中和區景平路464巷2弄1-4號		
電話	(02)2945-3191		
傳真	(02)2945-3190		
網址	www.rising-books.com.tw		
Mail	deepblue@rising-books.com.tw		
初版日期	2022年11月		
定價	380元		

國家圖書館出版品預行編目資料

人間複雜,妳要清醒：女子人際情感心理學/石原加受子監修；黃詩婷譯. -- 初版. -- 新北市：瑞昇文化事業股份有限公司,
2021.09
224面；14.8X 21公分
譯自：心理学でわかる女子の人間関係・感情辞典
ISBN 978-986-401-512-2(平裝)
1.女性心理學 2.人際關係

173.31　　　　　　　　　　110013087